일본 관찰 30년

KB152744

일본 관찰

한국이 일본을 이기는 18가지 이유

염종순 지음

30년

᎓ORNADO
토 네 이 도

우리 눈에 보이는 일본
그리고 보이지 않는 일본을 탐험하다

조국을 떠나 일본에 정착한 지 30년이라는 세월이 흘렀다. 수많은 도전과 시련 속에서 지나온 날들을 되돌아본다. 저렴한 인건비가 무기인 외국인 근로자로 일본에 첫발을 내디뎠지만, 2000년 이후로는 놀랍게도 한국의 선진기술을 일본에 소개하고 전수하는 일에 몸담게 되었다. 나는 대동강 물을 퍼다 팔아서 많은 돈을 벌었다는 봉이 김선달처럼, 한국 정부가 이루어 놓은 정보화 선진사례를 바탕으로 한국 기업들의 기술을 들여다 일본에 판매하는 디지털 봉이 김선달의 비즈니스 모델을 채택하여 오늘에 이르렀다.

처음에는 한국의 선진사례와 기술이 탁월하고 경쟁력이 있어

서 쉽게 성공할 거라 생각했지만 세상사는 이른치럼 그리 쉬운 일이 아니었다. 특히 일본인의

1. 까다로운 품질의식
2. 리스크를 동반하는 혁신보다는 개선을 선호하는 습성
3. 기존의 거래처를 바꾸지 않으려는 심리적인 저항
4. 한국 제품의 품질에 대한 이유 없는 불신

등이 늘 사업 추진에 커다란 장애가 되었다.

이 위기를 돌파하기 위해 한국의 성공사례를 직접 체험시키는 것이 가장 효과적이라 판단하여 한국 정보화사회 시찰투어인 '인터넷 콜럼버스 사업'을 시작했다. 2박 3일간 한국의 각 분야별 정보화 선진사례 현장을 방문하여 학습하는 것으로 일본인들에게 많은 호응을 얻었고, 때마침 한일월드컵 공동 개최의 영향으로 일본의 국영방송인 NHK의 간판 방송 〈NHK 스페셜〉에 소개되는 영광을 누릴 수 있었다.

일본 정부의 IT담당 대신을 비롯한 중앙정부 및 지방정부관계자, 의료·금융기관 그리고 IT기업 간부 등 많은 사람들이 한국을 방문하여 필자의 주장대로 변모한 현장을 직접 보고 우리도 할 수 있다는 자신감을 얻고 일본으로 돌아갔다.

그러나 또 다른 벽에 부딪혔다. 내가 두드린 시장은 한국이 완

벽하게 앞서 있는 행정, 의료, 교육 등 공공분야였다. 하지만 한국의 선진사례가 앞으로 일본이 따라가야 할 길인 줄 알면서도 전례가 없었기에 그 누구도 선뜻 나서지 않았다.

'어떤 형태로든 내가 먼저 나서서 리스크를 지고 성공적인 혁신사례를 만들어 보여주면 사람들이 따라오지 않을까?'

이렇게 되면 사업은 순조로울 것이라 생각했다.

이후, 일본에서 가장 유명한 성누가국제병원 이사장에게 IT어드바이저로 활동해달라는 제안을 받았다. 병원의 정보화를 위해 7년간 열심히 노력했지만, 내가 원하는 혁신을 이룰 수 없었다. 구체적인 설명은 생략하지만 한마디로 말하면 병원과 업자 간의 *끈끈한* 유착관계가 발목을 잡았다.

당시 지방자치단체인 사가현 사가시청에서 정보화컨설팅사업자로서 지방행정시스템을 혁신하는 일도 병행했다. 주민정보와 세입세출 및 보건복지 정보를 관리하는 그야말로 혁신적인 사업이었다.

필자는 프로젝트를 반드시 성공시키기 위해 무능한 일본 기업이 아닌 한국을 대표하는 기업 삼성을 선택했고, 우여곡절은 있었지만 일본 최초의 혁신 성공사례로 회자될 만큼 성공하였다. 이 일은 이후 주간시사 프로그램 〈클로즈업 현대〉에서 '지자체와 IT대기업의 대결'이라는 주제로 방송되어 화제가 되었다.

이번이야말로 사업의 대전기가 되리라고 기대했다. 전국 각지의 지방지치단체기 같은 고민을 안고 있지만 이느 곳 히니 제대로 성공하지 못했으니, 그들이 성공노하우를 가진 내게 몰려올 것은 당연한 일이었다. 그러나 예측은 빗나갔다. 각종 매스컴에 소개가 되었지만 일본인들은 실패한 사업을 언론플레이로 과대포장했다고 믿었다. 더불어 한국 기업이 그렇게 어려운 일을 해냈다는 사실을 믿고 싶어 하지도 않았다.

그 다음에 찾아온 기회는 한국 국적으로는 최초로 광역자치단체의 공무원이 되는 것이었다. 사가시청의 성공사례를 직접 지켜본 사가현청으로부터 정보기획감에 응모해보지 않겠느냐는 제안을 받았다. 나는 정보기획감에 합격하여 혁혁한 전공을 남겼다. 그러나 공무원이 아닌 사업가로서 활약할 새로운 기회가 주어지진 않았다. 아마도 공공기관의 보수성과 아베 총리 부임 이후 아베노믹스라는 이름으로 지방자치단체에 선심성 예산 퍼주기가 시작되면서 '혁신의 필요성'이 사라져 혁신전문가인 내가 필요 없어졌고, 한국인인 나에 대한 혐한 정서도 작용했다고 본다.

이 책은 지난 30년간 일본인과 같은 신분으로 가장 가까운 곳에서 생활하며 보고 겪고 느낀 점을 압축해서 정리한 보고서이다. 내가 알고 있었던 일본, 겉으로 보이는 일본은 허상이었으며 그 속사정은 전혀 다르다는 것을 깨닫기 위해 많은 대가를 치러야 했다.

일본의 저명한 학자 노나카 이쿠지로가 쓴 《실패의 본질知略の 本質》을 읽으며 무릎을 쳤다. 일본군이 태평양전쟁에서 패배하게 된 이유를 일본인의 습성을 중심으로 상세히 분석해 놓은 책이다.

'그랬구나. 내가 아는 것은 일본의 겉모습이었고, 이들의 마음 속 깊은 곳에 숨어 있는 생각은 이런 것이구나!'

일본인의 사고방식은 과거와 비교해서 전혀 달라진 것이 없었다. 다만 무력 전쟁이 경제 전쟁으로, 무기로 사용된 총과 칼이 비즈니스 전략과 IT로 치환되어 완벽하게 역사가 반복되고 있다. 비로소 내가 왜 절반만 성공하고 결국 실패했는지 그리고 앞으로 어떻게 해야 하는지 깨달았다.

그리고 결심했다. 내가 오랜 시간과 수많은 비용을 투자해서 배운 이 중요한 경험을 우리 한국 기업들에게 꼭 전해주겠다고. 그리고 앞으로 일본 사회를 발전시키기 위해서 내가 해야 할 일과 한일 간에 화해와 협력을 위해서 어떤 일을 해야 할지 깨닫게 되었다.

일본에서 30년 가까이 사업을 해왔고, 45세에 일본에서 대학원에 입학하여 석박사 과정을 밟았으며, 일본 공무원으로 10년 이상을 근무해본 뒤에야 비로소 내가 일본에 대해 얼마나 무지했는지를 깨달았으니 '일본 전문가'라 불리는 것이 무척 조심스럽다. 나 자신도 100% 일본을 안다고 장담할 수 없기 때문이다.

대한민국에는 일본 전문가가 많다. 일반인들도 일본에 대한 관심과 지식이 상당 수준 이상이다. 그러니 어설프으로 제대로 일본을 아는 사람은 극히 드물다. 장님이 코끼리 다리를 만지고 코끼리의 형상을 논하는 것처럼, 자신이 아는 것이 전부인 양 착각하기 쉬운 것이 일본이다. 일본인의 국민성은 한마디로 정의하기 어렵다. 미국의 문화인류학자 루스 베네딕트가 《국화와 칼》에서 밝힌 바가 있는 것처럼

호전적이지만 동시에 평화적이고

불손하면서도 공손하고

완고하면서도 유연한 사고방식을 가졌으며

친절하지만 한없이 잔인하다.

성실하지만 한편 불성실하기도 하고

용감하기도 하지만 비겁하기도 하며

보수적이지만 진보적이기도 하다.

자기 행동을 다른 사람이 어떻게 생각하는가에 대해

놀랄 만큼 민감하지만,

동시에 다른 사람이 자신의 잘못된 행동을 모를 때는

아주 쉽게 범죄에 빠지고 만다.

한마디로 세상에서 가장 양면적인 사고를 가진 국민이다. 앞으로 일본이 정보화사회로 더욱 발전하려면 많은 부분에서 한국을 벤치마킹해야 할 것이다. 그들이 현재 처해 있는 상황과 우리

의 멀지 않은 과거가 그들과 같은 입장이었으므로, 한국 기업이 일본의 정보화에 참여하여 성공할 수 있는 기회는 무궁무진하게 열려 있다.

그렇다. 우리에게 필요한 답은 바로 이거다.

일본을 제대로 알자.

그리하여 일본을 극복하고 앞으로 나아가자.

세계는 넓고 할 일은 많지 않은가.

- 디지털 조선통신사

염종순

차례

제1장
한국과 일본의 초격차
일본의 현주소

일본을 여는 새로운 열쇠

생각의 차이 좁히기

일본에 대해 알면서도
알지 못하는 것들
진짜 일본의 모습

일본에서
한국의 미래를 보았다
공존과 전망

한국과
일본의
초격차

일본의
현주소

日本
觀察

덧셈 이노베이션과 뺄셈 이노베이션

일본에서 30년 넘게 살다 보니, 한국에 와서 일본과 사고방식이 완전히 다르다는 것을 문득 실감하게 될 때가 있다. 수년 전 한국에 와서 부산역에 KTX를 타고 갔다. 인터넷으로 예약한 표를 발권하여 열차에 타기 위해 개표구를 찾아 배회했지만 찾을 수 없었다. '승강장'이라는 표시를 따라서 걸어갔더니 바로 열차를 탈 수 있는 곳으로 이어져 있었다. 예약한 좌석에 앉아 있어도 왠지 마음이 불편하던 차에, 마침 지나가는 차장이 있어 말을 걸었다.

"티켓은 샀는데 개표구를 못 찾아서 바로 승차했습니다."

"개표구는 없습니다."

"네? 개표구가 왜 없나요?"

"왜 개표구가 필요하다고 생각하시죠?"

라며 내게 되묻는 것이 아닌가.

"티켓 확인을 하지 않으면 부정 승차를 할 수도 있지 않나
　요?"

차장은 손에 들고 있던 핸디 터미널을 보여주며 어떤 자리가 공석인지 알 수 있고, 역과 역 사이의 구간이 길기 때문에 부정 승차를 하더라도 그리 자유롭지는 못하다는 이야기를 했다. 부정 승차가 있기는 하겠지만 단속할 수단도 있고, 있을지 모르는 무임승차를 방지하기 위해 모든 역에 고가의 개표구를 설치하고 관리 인원을 두는 것은 비용 낭비라는 설명이었다. 혁신적이고 합리적인 해결책이다.

이와 같은 문제를 일본은 다른 방식으로 풀어냈다. 세계 초고속 개표구와 표가 뒤집어지든 접히든 자동으로 처리할 수 있는 고도화된 검표기를 각 역에 설치했다. 일본은 정보화·전산화를 통한 비용 절감을 추진하자고 하면 '인력 감축'을 먼저 생각한다. 즉, 사람을 줄이고 기계로 대체해 나간다. 그러나 아무리 저렴하게 기계를 만들어도 기계를 아예 설치하지 않는 방법과 비교하면 당연히 많은 비용이 든다.

"

과거의 고정관념에 사로잡혀 '지금 있는 것을
어떻게 바꿀 것인가'보다는 '제로베이스에서
업무 프로세스 자체를 바꾸겠다'는 발상이 비
용 대비 효과가 좋고, 서비스 품질과 고객 만
족도도 높다. 진정한 정보화의 본질은 여기에
있다.

02

진정한
정보화

아오모리시의 행정정보화를 위해 정보정책조정감으로 활동하던 시절, 일본의 동북 지방인 아오모리를 자주 방문했다. 아오모리 공항에서 저녁 7시 비행기를 타고 도쿄로 돌아오려고 했지만, 갑자기 쏟아진 폭설 때문에 출발이 1시간 지연되어 8시가 넘어서야 겨우 탑승할 수 있었다.

그런데 탑승한 후에도 기체에 눈이 쌓여서 30분, 활주로의 제설 작업을 위해 30분, 대기 중 기체에 다시 눈이 쌓여 30분이 더 지체되어 결국 밤 10시가 넘어 이륙하게 되었다. 시간을 예상해 보니 하네다 공항에 도착하면 밤 12시가 넘었다. 기내 승무원에게 물었다.

"하네다 공항에 도착하면 대중교통이 없을 거 같은데요?"

"하네다 공항에 도착하시면 지상 승무원과 상의하세요."

하네다 공항에 도착해 문의해보니 밖에 택시는 운행 중이니 자유롭게 이용하라고 했다. 물론 자비 부담으로! 인근 호텔 객실 확보나, 최소 도심까지 셔틀버스를 제공하는 것이 일반적인 대응이라고 생각했는데 실망이 컸다. 그런데 그것보다 더 놀라운 것은 탑승객 누구도 불평하지 않는 것이었다. 한국이었다면 항공사에 많은 항의가 들어왔을 것이다. 화를 내지 않는 일본의 소비자, 그러니 항공 서비스가 나아질 리가 없다.

서비스가 익숙해지면 당연한 것이 되어 더 효율적이고 수준 높은 것을 요구하게 된다. 이렇게 되려면 우선 소비자가 현명해야 하고 당연한 서비스는 요구할 필요가 있다. 불편하고 비용이 많이 드는 서비스를 제공받으며 참는다면 결국 손해를 보는 것은 소비자이다.

과거에는 농수산업, 제조업, 유통업, 운송업, 서비스업 등 업종 중 하나가 '정보통신산업'이었다. 그러나 지금은 다르다. 현재 정보통신은 모든 업종과 밀접하게 관련되어 있다. 그래서 기존의 비즈니스와 IT를 융합하는 'IT 컨버전스'라는 개념이 매우 중요하다. IT 컨버전스를 생각할 때 '전산화'와 '정보화'를 같은 개념으로 착각하는 경우가 많은데, 이것은 전혀 다르다.

○ 전산화

인간이 하던 단순하고 반복적인 작업을 컴퓨터에 옮겨 놓는 것

○ 정보화

기존의 비즈니스 로직을 제로베이스에서 다시 구축하는 것

앞서 예를 든 개표구를 고도화하는 것이 전산화(일본)라면, 개표구를 없애는 것은 정보화(한국)라고 할 수 있다. 전자정부 서비스의 예를 들면 언제 어디서나 주민등록등본을 발급받을 수 있는 것은 전산화의 패러다임 그 자체이다. 그러나 앞으로 증명서 그 자체를 발급할 필요가 없는 행정 프로세스로 탈바꿈시켜야 한다. 표면적인 약간의 비용 절감에 현혹될 것이 아니라, 업무 전체를 변경하여 서비스를 개선하고 혁신적으로 업무 효율을 높이고 비용을 낮추는 것이 진정한 정보화이다.

한국인은 '혁신'이라는 말을 좋아하고, 일본인은 '개선'이라는 말을 좋아한다. 개선은, 도요타가 카이젠(개선의 일본식 발음)이란 고유명사를 세계에 퍼뜨릴 정도로 유명한 단어이다. 아주 느린 속도지만 개선을 거듭하여 어느 순간, 고객이 변화를 눈치채기 전에 무언가를 바꾸어 나간다.

패러다임의 전환 간격이 점점 짧아지는 디지털 시대에 우리의 급진적인 사고방식은 딱 들어맞는 것 같고, 일본의 차분히 천천

히 조금씩 무언가를 바꾸어가는 아날로그 방식은 치명적인 약점으로 보일 수 있다.

"

하지만 아날로그의 장점도 잊어서는 안 된다. 예를 들면 최첨단 기술로 모양과 형태가 진화된 자동차를 만들 수 있지만, 주행감과 안정감, 승차감 등 꼬집어 표현할 수 없는 아늑함 등은 디지털로 흉내낼 수가 없다. 일본은 우리가 배워야 할 요소가 많은 나라이다. '청출어람'과 '타산지석'이라는 두 가지 방식 모두 어느 것도 중요하지 않은 것은 없다.

03

디지털
한국이
아날로그 일본을
이길 수밖에 없는 이유

2000년, 회사 설립 등기 건으로 회사가 있는 도쿄도 중앙구청의 민원창구에 갔다. 주민등록등본과 인감증명서를 발급받기 위해 신청서를 제출하고 기다리니 바로 이름을 부르는 것이 아닌가?

'일본사람들은 친절하다는데 공무원들의 일 처리도 무척이나 빠르구나!' 하면서 창구로 가자 담당공무원이 "사이타마현 소카시에 사시는데 왜 저희 구청에 와서 주민등록등본을 신청하시는 거죠? 소카시청으로 가셔야 합니다"라고 하는 게 아닌가?

"아니, 왜요? 같은 지방자치단체인데 네트워크로 연결이 안 되어 있나요?"

1980년대에 서울시 공무원 생활을 한 적이 있었던 나는, 당시 일본이 모든 분야에서 앞서 있었기 때문에 지금도 당연히 일본의 행정 처리가 한국과 비슷하거나 앞서 있을 거라 생각했는데 쇼크 그 자체였다.

　일본의 상황을 알아볼수록 현실은 놀라웠다. 일본은 1700여 개의 지방자치단체로 이루어져 있는데, 각 기간행정 정보시스템을 보유하고 있어 타 지방자치단체와 연계되어 있지 않아 본인 거주지 이외에는 주민등록등본이나 인감증명 등 기타 증명서를 발급받을 수 없었다. 또한 주민등록 전출 시에는 전출지에서 전출신고를 하고 전출확인서를 받아 전입지에 가서 전입신고를 해야 했다.

　우리나라는 기간행정 정보시스템을 개발하여 전국의 지자체가 하나의 패키지를 활용하고 있다. 패키지 이름은 새올행정시스템으로 2000년 이후부터 오늘날까지 개발비와 유지보수비를 합치면 수천억 원의 비용이 든 것으로 알려져 있다.

　그러나 일본 정부는 각 기초지방자치단체가 보유하고 있는 기간행정 정보시스템을 개발 및 유지보수하기 위해 매년 4조 원이라는 거액의 예산을 사용하고 있어서 2000년부터 오늘까지 약 76조 원의 비용이 투입되고 있는 실정이다. 한국의 방식을 택한다면 어마어마한 예산을 절약힐 수 있지만 일본은 아직도 변한 것이 없다.

2007년까지 한국에는 가족관계를 명확히 하기 위한 '호적'이 있었다. 이는 일본과 동일하게 도입된 제도다. 호적은 본적지 지자체에서 관리를 했기 때문에 호적등본을 떼려면 직접 호적지까지 가야만 했던 시절이 있었다. 나의 본적지는 충청북도 단양이라, 어릴 적 호적등본을 한 번 떼려면 청량리에서 중앙선을 타고 단양까지 5시간은 가야 해서 적어도 왕복 이틀이 소요됐다.

그러나 지금은 호적이라는 말이 사라지고 2008년 1월 1일부터 가족관계등록부라는 이름으로 서비스되고 있으며, 가까운 지자체 창구에 가거나 혹은 인터넷으로 발급받을 수 있도록 되었다. 일본은 지금도 본인의 본적지에 가야만 호적등본을 발급받을 수 있다.

최근 일본에서 편의점 교부서비스라는 것이 시행되고 있다. 이는 편의점에 설치된 프린터 등을 사용하여 전국 어느 곳에 살든 주민등록등본 등을 발급받을 수 있는 서비스인데 활용도가 높지 않다. 이 서비스를 받으려면 개인이 정부에서 발급해주는 마이넘버카드를 소유하고 있어야 하고 본인이 거주하는 지방자치단체가 편의점 교부서비스에 가맹해야 하는데, 2019년 12월 현재 마이넘버카드를 가지고 있는 전 국민의 10%인 1200만 명 정도이고, 편의점 교부서비스에 가입한 지방자치단체는 전체 1700단체 중 700여 곳에 불과하기 때문이다.

ISDN과
ADSL

사무실 계약 후, 사무실 전화를 개통하기 위해 전화국에 들렀는데 개통까지 15일 정도 걸린다고 했다. 당시 한국에서는 전화를 신청하면 늦어도 그날 안으로 개통해 주었는데 선진국이라는 일본에서 2주나 걸린다니 이해가 되지 않았다.

내가 "인터넷 회선도 함께 신청하겠다"고 하자, 직원이 ISDN회선, ADSL회선 그리고 광케이블회선에 대해 설명해 주었다. 당시 한국은 ISDN회선을 사용하다가 속도가 더 빠른 ADSL회선으로 넘어가고 있던 시점이었다.

'그렇다면 일본도 상식적으로 신규 고객에게 ADSL회선을 판매해야 하는 것 아닌가?'

왜 구식 ISDN회선을 동시에 판매하는지 무척 궁금해졌다.

알아보니, ISDN 방식의 기술을 일본의 통신회사 NTT가 무려 4000억 원 이상의 비용을 들여 개발했는데 본격적으로 판매한 지 1년도 되지 않아 미국에서 ADSL기술을 개발한 것이다. 하지만 본인들이 투자한 ISDN 방식 기술 개발비를 회수해야 했으므로 ISDN회선 판매를 고집했다. 당시 일본에서 유선전화는 NTT가 독점사업을 하고 있어 소비자들에게 다른 선택지가 없었다. 그런데 소프트뱅크의 손정의 회장이 미국에서 ADSL기술을 들여와 판매를 시작하자 NTT도 어쩔 수 없이 ADSL회선을 함께 판매하게 된 것이었다.

"

일개 기업이 신기술 적용을 가로막았다는 사실이 믿겨지는가? 안타깝게도 사실이다. 일본의 기득권층은 어느 곳에서든 본인들의 이익과 자존심을 지키기 위해 보이지 않는 음습한 저항을 한다.

은행 계좌
개설과
인터넷뱅킹

사무실 입주 후, 계좌를 개설하기 위해 은행에 갔다. 소매치기 당할까 노심초사하며 자본금 1000만 엔(한화 약 1억 원)을 들고 창구직원에게 말했다.

"자본금 납입을 위해 신규 계좌를 개설하려고 합니다."

"회사소개서와 사업계획서를 가져오셔야 합니다."

'엥? 이 사람이 말을 잘못 들었나?' 다시 한 번 말했다.

"아니, 제가 대출을 받으려고 온 것이 아니고요. 회사 자본금을 납입할 계좌를 개설하러 왔다니까요."

하지만 돌아오는 대답은 똑같았다.

"그러니까 회사소개서와 사업계획서를 가져오셔야 됩니다."

너무 친절해서 말이 나오지 않았다. 한국에서 창업할 때는 자본금 납입한다고 은행을 방문하면 VIP실까지 안내해서 커피도 주고 앞으로 잘 부탁한다고 인사를 하는데, 인사는 고사하고 회사소개서와 사업계획서를 가져오라니!

나는 불쾌한 표정으로 은행을 나와 길 건너편에 있는 다른 은행으로 갔다. 한참을 기다려 내 순번이 와서 창구직원에게 회사를 설립하려고 하는데 자본금을 납입해야 해서 신규로 계좌를 개설하러 왔다고 말하자, 돌아오는 대답이 똑같았다.

외국인이라고 깔보는 것인가 싶기도 해서 내가 은행에서 돈을 빌리겠다는 것도 아니고 자본금 납입을 위해 신규로 계좌를 개설하겠다는데 왜 회사소개서와 사업계획서를 요청하는지 물었다.

은행원이 곤란한 표정을 짓더니 말했다.

"외국인의 경우 돈세탁 위험이 있어서 은행 내규상 어떤 회사인지 확인하는 절차를 거치도록 되어 있습니다. 그래서 요구한 서류를 제출하시지 않으면 계좌 개설이 어렵습니다."

사무실에 돌아와 회사소개서와 사업계획서를 작성해 다시 은행으로 갔다. 간신히 계좌를 개설하고 사업 구상에 몰두하고 있던 어느 날, 은행원이 사무실로 찾아왔다.

"사장님, 요즘 인터넷으로 무엇이든 하는 세상인데 인터넷뱅킹 신청하시는 건 어떠세요?"

아마도 영업을 하는 눈치였다. 마침 인터넷뱅킹을 신청하려던

참이라 흔쾌히 승락을 하고 은행원이 내미는 서류에 도장을 찍으려는 찰나 신청서류에 '월 사용료 4000엔(한화 약 4만 원)'이라는 글자가 눈에 들어왔다.

"잠깐, 월 사용료가 왜 듭니까?"

"인터넷뱅킹을 사용하시려면 사용료를 내셔야 합니다. 하지만 입출금 때문에 일일이 은행에 안 오셔도 되니까 그 정도 비용은 부담하셔도 손해 보는 것은 아닙니다."

"그게 무슨 소리입니까? 내 계좌에 있는 돈을, 내 시간을 내서, 내 컴퓨터를 이용해 입출금을 하는데 왜 은행에 사용료를 내나요? 고객이 은행창구에 가지 않으면 응대할 손님이 줄어드는데 은행 입장에서 좋은 거 아닌가요?"

그러자 은행원은 당황한 표정으로 설명을 이어나갔다.

"수익자 부담의 원칙이라는 게 있습니다. 은행에서 고객을 위해 인터넷뱅킹 시스템을 개발했고, 그로 인해 비용이 들었습니다. 이를 사용하면 고객이 편리하니까 고객에게 일정한 부담을 요구하는 것은 당연한 일입니다."

나는 인터넷뱅킹 가입서류를 돌려달라고 했고 그날 이후로 인터넷뱅킹을 쓰지 않는다. 현재 일본의 은행들은 인터넷뱅킹 시스템의 개발비 및 유지보수료가 많이 들어가고 있는데 이용하는 고

내들이 미리 고민하고 있다. 개인의 경우는 사용료가 무료지만, 유저 인터페이스가 어렵고 보완 등의 문제로 현재 일본의 인터넷 뱅킹 이용률은 30% 미만이고 앞으로도 늘지 않을 것이라 예상한다. 이런 이유로 지금도 시내 곳곳에 은행 지점들이 촘촘하게 들어서 있고 창구는 입출금이나 공과금을 입금하러 온 사람들로 늘 붐빈다.

"

입출금을 대행해주는 일이 은행 입장에서는 수익이 창출되는 일이 아니기 때문에 인터넷 뱅킹이나 스마트폰뱅킹 등을 통해 가급적 창구에 방문하는 손님을 줄이고 은행창구에서는 자산관리나 대출 등 부가가치가 높은 상담을 진행하도록 하는 것이 한국 금융기관의 추세인데, 일본은 아직도 1970년대의 업무방식을 고집하고 있다.

06

비빔밥 한국과 모래알 일본

일본인들에게 한국의 정서를 소개할 때 비빔밥을 예로 들 때가 많다. 각자의 개성을 소중히 여기지만 서로 *끈끈한* 유대관계도 갖기를 원한다. 특히 남자들끼리 처음 만나면 나이를 묻고 학번을 물어 상하관계를 정리한다. 금세 '형님, 동생' 하는 관계로 발전하는 것이 일반적이고, 서로 말을 편하게 하면서 친밀해졌다고 느낀다. 온갖 재료를 넣고 비벼서 결국 하나의 비빔밥이 탄생하는 것처럼 말이다.

한편 일본에서는 첫 만남에서 나이나 학번을 묻는 일은 거의 없다. 우리나라처럼 *끈끈한* 인간관계를 만들기보다는, 나이를 초월하여 친구가 되는 경우도 많고 서로 일정한 거리를 두고 관계들 ㅅㅅㅣㅇㅣ는 것이 일반적이다. 일본의 요리 또한 그 재료의 맛을 살리는 것이 많고, 한국의 비빔밥처럼 이것저것 다 섞어서 만드는 요리는 흔치 않다.

경제 위기 때 한국의 많은 은행들이 합병을 했던 것처럼, 버블 경제가 붕괴되었을 때 일본에서도 많은 은행들이 합병했는데 양국이 은행 간 합병했을 때 모습을 보면 재미있는 차이점을 발견할 수 있다.

한국 은행들이 합병할 때는 서로 주도권을 쥐기 위해 치열하게 투쟁을 벌이고 승리한 쪽이 다른 한쪽을 흡수한다. 예를 들어 신한 은행과 조흥 은행이 합병할 때 신한 은행이 조흥 은행을 흡수하는 방식으로 이루어졌다. 그래서 많은 희생을 치루었지만, 합병을 하는 본래의 이유인 효율적인 경영을 할 수 있게 되었다.

하지만 일본의 경우는 전혀 양상이 다르다. 일본의 메가뱅크인 도쿄미쯔비시UFJ 은행과 미쯔이스미토모 은행의 사례를 보면 이들의 사고방식이 분명하게 드러난다. 도쿄미쯔비시UFJ 은행은 다음과 같이 합병에 합병을 거듭하여 만들어졌다.

도쿄 은행 + 미쯔비시 은행 = 도쿄미쯔비시 은행(합병 A)
삼화은행 + 동해은행 = UFJ 은행(합병 B)

합병 A + 합병 B = 도쿄미쯔비시UFJ 은행(합병 C)

합병된 일본 은행 전경

　'죽기 아니면 까무러치기' 식으로 온 힘을 다해 싸우기보다는 조용히 합병을 이루어 낸 이들은 지금도 조직 내에서 나름대로의 계파와 지분을 유지하면서 각자 전통을 유지해 나가고 있다.

　각 은행 정보시스템은 경쟁력의 원천이기 때문에 개발유지비용이 지속적으로 투입된다. 그래서 합병 시 정보시스템 통합이 이루어져야 비용 절감을 할 수 있다. 일본식 합병은 겉으로는 평온해 보이나, 정보시스템이 하나로 통합되지 않아 각 은행의 정보시스템을 연계하여 사용하기 때문에 합병의 시너지를 발휘하지 못하는 것이 일반적이다.

얼마 전 실질적인 통합을 이루겠다고 정보시스템 쇄신을 단행했던 일본의 메가뱅크 미즈호 은행이 정보시스템 개발에 4조 원을 투자했다고 한다. 이에 비해 한국의 메가뱅크인 국민은행의 차세대 뱅킹시스템 개발금액이 약 3000억 원 정도라고 발표한 것을 보면 일본 은행이 정보시스템 개발에 얼마나 많은 비용을 투자하는지 가늠할 수 있다.

물론 일본의 메가뱅크와 한국의 메가뱅크는 여신 규모가 달라서 단순 비교는 불가능하지만, 여신 규모와 정보시스템 투자 규모가 반드시 정비례하지 않는다는 것을 고려하면 양국 은행 간의 정보시스템 투자 규모에 의미를 부여할 수 있다고 본다.

일본인들은 화和를 무척 중시하는 문화를 가지고 있어서 이를 깨뜨리는 것에 대해 상당한 거부감을 가지고 있다. 그러나 이러한 문화와 생각은 양날의 칼과 같아서 결국 일본을 흥하게도 망하게도 한다. 즉 화和가 화합和合으로 작용하면 좋은 효과를 거두지만, 담합談合으로 작용하면 패착을 가져오기 때문이다. 지금의 일본은 담합의 시대로 보인다.

07

일본의 바보상자를 통해 본 한국의 바보상자

한일 관계가 최악인 상황에도 한국 드라마의 인기는 여전하다. 그래서 일본 방송국에서 한국 드라마를 어쩔 수 없이 방영한다고 말한다. 틀린 말은 아니다. 언젠가부터 일본에서는 멜로물이 사라지고 추리 스릴러나 역사 드라마가 주를 이루고 있다. 그래서 멜로물을 보고 싶어 하는 일본 시청자들의 마음을 한국 드라마가 사로잡았다는 추측도 일리가 있다.

하지만 표면적인 이유 이외에 제작비 문제도 크다. 수준이 높아진 시청자들의 구미에 맞는 드라마를 만들려면 많은 제작비가 들어가는데, 한국 드라마는 이미 팬덤이 형성되어 있어 수입해서 방영하면 나름 수지타산이 맞다.

일본 드라마 제작비가 비싼 이유는 무엇일까? 배우들의 출연료 때문일까? 대본 혹은 제작 비용이 비싸기 때문일까? 모두 정답이긴 하지만 정확히 이야기하면 연예기획사 프로덕션인 요시모토흥업吉本興業과 같은 특정 업체들이 방송국을 독과점처럼 좌지우지하고 있기 때문이다.

일본 방송국의 변천 과정을 살펴보자. 1970~1980년대에 일본 방송국은 무소불위의 권력을 휘두르는 갑이었고, 연예인들은 힘없는 을이었다. 하지만 인건비 상승 등을 이유로 방송의 외주 제작이 점점 늘어났는데, 이 과정에서 프로덕션은 방송 제작뿐만 아니라 연예인 에이전시 역할까지 하게 되었다.

시간이 갈수록 방송국의 드라마 제작 및 섭외 능력은 점점 떨어져간 반면, 프로덕션은 그간의 경험을 토대로 자체적으로 계약한 인기 연예인들의 수급을 조절하면서 방송국을 좌지우지하는 수준에까지 이르게 되었다. 현재는 방송국에서 기획을 하는 것이 아니라, 프로덕션에서 예능프로그램이나 드라마를 기획하고 제안하여 방송국은 최종 결정만 하는 지경에 이르게 되었다.

방송국은 적자경영에 시달리면서 구조적인 문제에 당면하게 되었다. 이제는 방송국에서 아무리 주도적으로 프로그램을 만들려고 해도 대부분의 인기 연예인들이나 MC, 평론가들을 직접 섭외하기가 불가능해서 울며 겨자 먹기로 프로덕션에서 제시하는 금액에 맞춰 섭외하고 있다.

이처럼 일본의 프로덕션은 프로그램 기획에서부터 제작 그리고 출연자 섭외에 이르기까지 방송 제작 전 과정에 막대한 영향력을 발휘하고 있다. 그래서 자사의 연예인을 많이 출연시킬 수 있는 프로그램들을 만들고, 시청률을 끌어올리기 위해 말초신경을 자극하는 선정적인 프로그램 제작에 몰두하고 있다.

최근에는 뉴스와 예능을 합친 형식의 프로그램들이 눈에 띄게 늘어나고 있다. 일본 국내외의 정치 문제나 뉴스를 테마로 다루는데, 최근에는 한국 뉴스가 주를 이루고 있다. 말만 번지르르하게 하는 방송인들이나 재일교포 등 나름 그럴듯해 보이는 가짜 전문가들이 출연하여 문재인 대통령을 빨갱이 혹은 친북주의자라고 몰아가며 우리나라 특정 세력이 떠들법한 자극적이고 흥미 위주의 왜곡된 가짜뉴스를 양산하고 있고, 이것들이 아무런 여과 없이 일본 국민들에게 전달되고 있어 한일 관계를 더욱 어렵게 만들고 있기도 하다.

이런 프로그램에 출연한 사람들은 인지도를 바탕으로 아주 쉽게 국정이나 지방 정부의 수장으로 진출하여 정치가의 길을 걷기도 한다. 위안부 망언으로 유명한 오사카부 지사였던 하시모토 도루와 미야자키현 지사를 지낸 히가시코쿠바루 히데오가 이런 사례로, 정치에 입문하려면 먼저 연예계 진출을 하는 게 좋다는 자조 섞인 이야기까지 흘러나오고 있다.

이러한 왜곡된 시장구조 속에서 일본 방송국들은 살아남기 위애 손님보나는 보내 중인 사냥신을 활송이여 재밀엽에 지중더고 있고, 방송 제작보다는 한류드라마나 대만 혹은 태국드라마를 수입하여 방영하고 있는 것이 현실이다.

요즘 우리나라 방송국을 보면 일본의 1980년대 단계에 와 있는 것 같은 느낌이 든다. 종편 등이 늘어남에 따라 방송제작의 외주화가 진행되고 있고, 대형 연예기획사가 점점 세력을 키워가고 있어 우려스럽다.

"

방송이라는 주요한 도구가 정확하고 올바른 정보를 국민들에게 제공하지 않고 단순히 시청률 올리기와 돈벌이에만 급급하게 되어 국민 전체가 우민화가 되어 버린 일본의 현실을 연구하여 한국 방송이 일본의 전철을 밟지 않도록 각종 제도 혹은 법령 정비 등이 필요한 때다.

08

교보문고와 츠타야 서점

일본에 오면 가볼 만한 곳 중 하나로 꼽는 츠타야TSUTAYA는 음반, DVD, 책 등을 대여 및 판매하는 서점이다. 우리네 예전 비디오/책 대여점 같은 곳으로, 일본에서는 대여점으로 유명한 브랜드다. 라이프 스타일을 판다는 개념으로 유명해졌고, 일본 여행을 하다 보면 한 번쯤은 볼 수 있을 정도로 많은 점포가 있다. 츠타야는 지속적으로 성장하기 위해 단순한 서점을 넘어 지방자치단체의 공공도서관 위탁 운영에 이르기까지 새로운 도전을 계속하고 있다.

하지만 이에 대한 평가는 엇갈리고 있다. 필자는 2018년까지 사가현의 정보기획감으로 재직했고, 한국에서도 성공사례로 알려진 타케오 도서관이 지금 살고 있는 사가현 타케오시에 있어 잘 알고 있다. 거액을 들여서 멋지고 세련되게 만든 타케오 시립도서관은 한동안 화제였지만, 정작 시립도서관을 이용하던 지역 주민들은 낯선 인테리어와 운영방식에 점점 이용기회가 줄어들었다. 대신 처음이라 외지에서 구경 오는 사람들로 붐볐으나, 요즘은 그마저도 유사한 도서관이 여기저기 몇 개 생기자 이용자가 줄고 있다. 더욱이 츠타야가 운영위탁을 맡으면서 상업적으로 변해버렸고, 특히 독자들이 찾지도 않은 출간된 지 오래된 책들을 사다가 책장을 메우는 등 이익을 창출하기 위해 부정에 가까운 일들이 발견되어 사회적으로 지탄받기도 했다.

한편 일본의 출판업계는 빙하기를 맞이했다. 얼마 전 일본의 대형 출판사가 도산할 위기에 빠져서 츠타야가 인수했고, 또 대부분의 출판사들이 경영 위기에 휘청거리고 있다. 기본적으로 일본에서 출판시장은 사양되어가는 사업이다. 우리가 생각하는 일본인은 늘 책을 끼고 살 것 같지만, 요즘 전철을 타보면 책 읽는 사람은 거의 찾아보기 힘들고 대부분 스마트폰만 쳐다보고 있다. 간혹 포르노만화를 보는 사람들도 눈에 띈다.

이렇게 책을 안 읽으니 출판사들은 출판을 안 하는 게 리스크를 줄이는 길이지만, 그렇다고 출판을 안 하자니 먹고 살 길이 막막하다. 일본에서 나는 그동안 3권의 책을 출판했지만, 어지간한 콘텐츠로는 일본에서 출판 자체도 쉽지 않다.

1980년대 후반에 일본으로 출장을 오면 책을 사오는 게 중요한 일이었다. 특히 정보기술 분야에서 일본책에는 참으로 귀중한 정보가 많았다. 일본에서 출판된 책이 1~2년 뒤에 번역되어 한국 시장에 나오는 시절이었다.

그런데 지금은 그 반대다. 유발 하라리의 《사피엔스》라는 책은 한국이 일본보다 출간이 1년 빨랐고, 《클라우스 슈밥의 제4차 산업혁명》도 한국에서 먼저 출간되었다. 일본에서는 책이 나온 뒤에 판매 추이를 보다가 많이 팔린다 싶으면 그때서야 출판을 준비하는 것 같다.

이번에는 한국 서점 이야기를 해보자. 얼마 전 일본 정보서비스산업협회 요코츠카 회장님과 함께 한국의 교보문고를 들렸는데 정말 감동했다. 책을 파는 곳이 아닌 무료로 책을 읽을 수 있도록 편의시설을 제공하고 있는 느낌을 받았다. 지나가는 직원에게 물었다.

"서점이 책을 파는데 주력하는 것이 아니라 책을 읽게 하네요. 왜 책을 읽게 두는 건가요?"
"서점업계를 리드하는 입장에서 고객들이 책을 좋아할 수 있는 분위기를 조성하는 것은 중요한 일입니다. 또 세계적인 추세도 서점이 비단 책만 읽는 곳이 아니라, 물건도 사고 휴

식노 쉬하는 공간으로 바뀌고 있습니다."

일본에는 교보문고 같은 콘셉트로 만들어진 공간이 없다. 일본 서점에서도 서서 책을 읽을 수는 있지만 편안하게 독서할 수 있는 분위기가 아니다. 이러한 측면에서 츠타야보다 한국 서점이 훨씬 더 도전적이라고 본다.

한국의 일부 공공도서관에는 연령, 성별, 취향 등을 분석해 책을 권해주는 시스템이 있는데, 일본에는 없다. 정부나 지방자치단체가 그런 정보를 분석하면 사상과 신조를 검열당하게 될 수도 있다 하여 개인의 도서 열람 이력 등은 일체 관리하지 못하게 하고 있다.

"

아직까지는 한국의 서점업계나 일본의 서점
업계 서로 간에 특별한 우열관계를 가리긴 어
렵지만 전자도서관 혹은 e북 등의 경우에는
한국이 훨씬 앞서 있는 상황이다.
전자도서관 분야 혹은 e북 제작 등의 기술을
가진 한국 기업 솔루션들은 일본 시장에 진
입하기에 충분한 경쟁력을 가지고 있고, 일본

정부는 전국의 초중등 학생을 대상으로 1인 1 태블릿 PC 보급을 준비 중이며 전자교과서 보급을 적극적으로 고려하고 있는 시점이기에 일본 진출의 최적기가 아닐까 싶다.

09

시간과
준비가
필요한 나라

일본에는 수십 명의 소녀들로 구성된 걸그룹 AKB48을 비롯해서 5인조 남성아이돌그룹 아라시 등 유명한 아이돌그룹이 여럿 있다. 한국에도 아이돌그룹이 활동하고 있지만 데뷔 후 10년 이상 활동하는 그룹이 있는지 생각해 보면 그리 많지 않다. 일본에서는 결성 후 25년만에 해체한 SMAP라는 그룹이 있고, TOKIO라는 그룹은 20년이 넘었지만 아직도 맹활약 중이다. 특히 TOKIO가 출연하는 한국의 〈무한도전〉과 비슷한 〈철완대시〉라는 프로그램은 20년이 넘었다. 이들은 10대에 데뷔하여 40~50대가 된 지금도 1세대 아이돌그룹이 아닌 현역 가수이자 연기자로 많은 사랑을 받고 있다.

아이돌그룹뿐만 아니라 솔로가수 그리고 연기나 코미디 부분에서도 마찬가지다. 일본에는 한국에서도 유명한 쓰나미라는 곡을 부른 쿠와다 케이스케(62세), 야자와 에이키치(68세), 후쿠야마 마사하루(49세) 등 많은 중년가수들이 활발하게 활동하고 있다. 이렇듯 한국과 일본을 비교해 보면 한국에 비해 일본 연예인들의 직업 수명이 훨씬 길다.

이러한 현상이 비단 연예계뿐만이 아니다. 정치계에서는 자민당이 70년 이상 정권을 틀어쥐고 있고, 세계에서 제일 역사가 긴 오사카에 본사를 둔 금강구미라는 건설회사는 무려 1500년이 넘는 역사를 가지고 있다.

특히 금강구미의 이력은 주목할 만하다. 백제 조정에 왜나라의 성덕태자가 사찰을 지을 기술자를 보내달라는 요청으로 오사카에 파견된 백제 기술자들은 사천왕사의 건립으로 뛰어난 기술력을 인정받았다. 이후 사천왕사의 보수 및 일본 내 각지의 사찰 건립을 지도해달라는 부탁을 받게 되었는데, 그 뜻을 받아들여 백제로 돌아가지 않고 남은 기술자들이 금강구미를 설립한 것이다.

그 회사가 아직까지 명맥을 유지하고 있으니 참 기가 막힌다. 이러한 배경을 보아도 일본이 매년 노벨상을 수상하는 데에는 그만한 이유가 있는 듯하다. 어제 오늘의 결과로 노벨상을 받는 것이 아니라, 수십 년간 꾸준히 노력한 결과가 비로소 평가를 받는 것이니 말이다.

지금은 많이 바뀌었지만 일본인이 한국인을 생각하면 가장 먼저 떠오르는 단어가 '빨리빨리'와 '괜찮아요'였던 시절이 있었다. 한국 제품의 품질을 논할 때 제일 알기 쉬운 상징일지도 모르겠다. 물론 빨리빨리라는 국민 습성이 반드시 나쁜 것만은 아니다. 21세기는 스피드가 중요한 요소 중 하나이기 때문이다. 하지만 부정적인 요소들이 합쳐지면 적당히 하면 된다거나, 대충대충 만들면 된다는 식의 문화가 만들어진다.

일본 진출을 했거나 준비 중인 기업대표들과 이야기를 나누어 보면 장기적인 계획을 세우고 차곡차곡 준비하시는 분들이 많지 않다. 일본에는 '시간을 돈'으로 환산하는 비즈니스 모델이 있다. 쉽게 말해 예약문화인데, 일본 출장이 잡혔다면 항공편과 호텔은 반드시 미리 예약해야 한다. 특히 항공편의 경우 탑승일로부터 1개월 전, 2주 전, 하루 전, 당일 요금의 차이가 몇 배로 난다. '출장패키지' 요금제를 이용하면 왕복항공권과 호텔을 일괄적으로 예약할 수 있다.

예를 들어 사가 공항에서 하네다 공항을 가는데 예약 없이 당일에 결제하면 왕복항공권은 7만 엔, 호텔숙박비는 7000엔 정도가 든다. 하지만 2주일 전에 출장패키지를 구입하면 왕복항공권과 숙박비 포함해서 3만 5000엔 정도가 든다.

아무리 예약이라고 하지만 왕복항공권에 호텔비용까지 포함한 금액으로, 왜 당일에는 겨우 편도항공권만 살 수 있는지 이해가 되질 않았다. 이 사실을 몰라 1년에 3000만 엔 이상을 출장비용으로 더 지불한 경험이 있어서 땅을 치고 후회한 적이 있다. 돈을 버는 것도 중요하지만 절약하는 것 역시 중요하다. 한국 내의 비즈니스 상식만으로 일본의 비즈니스 상식을 안다고 생각했던 것이 패착이었다.

일본에 진출한 기업들은 왜 진출했었는지, 그동안 얼마나 투자했고 그 결과는 어떠한지 복기해볼 필요가 있다. '우물가에서 숭늉을 찾는다'는 말이 있다. 매사에 순서가 있기 마련이지만 특히 일본은 시간이 많이 필요한 나라다. 마음이 급하다고 해서 내 뜻대로 급하게 일을 서두르다 보면 결과는 얻지 못하고 오히려 낭패를 보게 된다. 일본 진출은 커다란 기회이지만, 성공하기 위해서는 반드시 철저한 준비가 필요하다.

10

일본의
미래모델은
한국이다

자택에서 개인 프린터로 주민등록등본을 프린트할 수 있고, 티머니 카드 한 장으로 모든 노선의 전철과 버스, 택시를 탈 수 있으며, 편의점에서 물건 구입까지 할 수 있는 편리한 시스템이 구축되어 있는 나라는 세계적으로 그리 흔치 않다. 이곳 일본의 언론에서도 한국의 선진적인 정보화 관련 보도가 심심치 않게 나올 정도로 대한민국의 정보화는 확실하게 우위를 점하고 있다.

필자는 현재 일본에서 정부 및 민간기업을 대상으로 하는 IT 관련 컨설팅사업을 하고 있다. 처음에는 저렴한 인건비를 무기로 일본 기업의 수탁 개발 혹은 인력을 파견하는 일을 했었다. 10년이 지난 지금, 일본 정부와 이름만 들어도 알 만한 일본의 IT

대기업을 대상으로 정보화 컨설팅 혹은 경영 컨설팅을 하고 있다는 것 자체가 격세지감을 느끼게 한다. 필자의 컨설팅 보고서 상당 부분이 한국의 선진사례를 바탕으로 일본 정부나 기업이 나아가야 할 방향을 제시하는 내용임을 볼 때 확실히 한국의 정보시스템 업계는 눈부신 성장을 했음에 틀림없다.

그런데 왜 연간 정보산업시장 규모만 해도 수십조 원에 이르는 이러한 거대한 황금시장에서 한국을 대표한다는 IT기업들이 맥을 못 추고 있는 이유는 무엇일까? 그 해답은 의외로 간단하다. 일본 IT시장에 대한 기초지식이 매우 부실하기 때문이다. 일본의 IT기업들이 왜 한국 기업들과의 경쟁에서 밀렸는지, 일본 사회 각 분야의 정보화가 왜 한국보다 뒤질 수밖에 없었는지 파악하려는 노력을 하지 않고, 단순히 '한국 제품이 일본 제품보다 싸고 좋으니 팔릴 것이다'는 생각으로 일본 시장을 두드렸기 때문이다.

한국에는 일본에서 유학한 사람이나, 일본에 주재했던 사람이나, 일본을 상대로 사업을 해서 일본에 거주했던 소위 일본 전문가가 많지 않은가? 그들은 일본 전문가가 아니던가, 왜 일본에 대한 지식이 부족하다고 하는 것일까?

문제는 '일본 전문가'라는 단어의 정의에 있다. 수년 전 일본 총무성(한국의 행정자치부) 산하 지방자치단체 국제화재단 서울 사무소 소장으로부터 한국의 전자정부에 관한 강의를 부탁받은

~~적이 있었다. 굳이 일본에 있는 나에게 한국의 전자정부에 대해~~
강의 요청을 하는지 궁금했다.

"서울 사무소에 다니는 일본 직원들은 서울에 거주한지 몇
년씩 되었고, 한국 직원도 많은데 왜 굳이 제게 부탁하시는
건가요?"
"일본 직원들은 한국에서 행정서비스를 받을 기회가 별로 없
어서 한국의 전자정부가 어떻게 선진적인지 잘 모르고, 한국
직원들은 일본에서 행정서비스를 받아본 적이 없어서 한국
과 어떻게 다른지 모르기 때문입니다."

그렇다. 어디에 살고 무엇을 했든 본인이 그 사회에 대해 관심
을 가지고 연구하지 않으면 속사정을 알기 어렵다.

우리나라의 IT기업이 일본 진출에서 성공하기 위해서는 철저
하게 일본인의 시선으로 일본을 바라보아야 한다. 수박 겉핥기식
으로 아는 것은 아무런 소용이 없다. 대한민국에는 일본 전문가
가 넘친다. 그러나 역설적으로 짚어 보면 제대로 된 일본 전문가
는 손에 꼽을 정도인 것이다.

2016년부터 일본 정부는 마이넘버 도입(한국의 주민등록번호)
이라는 프로젝트를 시작했다. IT 분야 예산만 해도 4조 엔(한화 약

40조 원)에 달하는 초대형 프로젝트다. 우리나라의 주민등록번호 같은 번호를 일본 내에 거주하는 일본 국민은 물론 주민등록을 하고 있는 외국인에게도 부여하고 전자주민카드를 보급하는 것이다.

'일본에 주민등록번호가 없나?'

의문이 들지 않는가? 물론 답은 '없다'이다.

과연 대한민국의 일본 전문가 중에 일본에 한국의 주민등록번호과 같은 제도가 존재하지 않는다는 사실을 알고 있었던 사람은 얼마나 될까?

앞으로 일본은 마이넘버를 기반으로 국가 전 분야에 걸쳐 막대한 예산을 투자하여 뒤처진 국가 정보화 수준을 끌어올리려 할 것이다. 과거 한국의 미래모델은 일본이었지만, 앞으로 일본의 미래모델은 한국이다. 특히나 일본이 가지고 있는 문제점을 똑같이 끌어안고 이를 극복하기 위한 수단으로 정보화를 선택했던 우리들이기에 더욱더 일본에게는 친화적인 미래모델일 수밖에 없다.

"

한국 국내시장에서 갈고 닦은 국가 전 분야의 정보화 추진 노하우를 가진 한국 IT기업들이 일본 시장에 진출한다면 일본의 국가 정보회에도 기여하고, 매년 300억 달러에 달하는 대일무역 적자 개선에도 크게 기여할 수 있을 것이다.

11

일본 취업의 현실

　문재인 정부는 청년일자리 문제를 해결하고자 주무부처인 고용노동부는 말할 것도 없고 중소벤처기업부나 심지어 외교부까지 해외취업지원 대책 등을 수립하고 있고, 국내외에서 수시로 취업박람회를 열고 있다. 일자리 창출을 위해 적지 않은 비용을 투입하고 있지만 가시적으로 보이는 성과는 미미한 것 같고, 이에 따라 취업의 좁은 문을 찾아 헤매는 젊은이들의 고민과 좌절은 깊어만 간다.

　시간이 흐르면 이러한 노력이 결실을 맺어 정부의 계획대로 일자리는 늘어날 것인가? 필자가 느끼는 결론부터 이야기하자면 청년실업 문제는 그리 희망적이지 않다. 왜 일자리가 부족한지에 대한 근본적인 원인을 파악하고 이를 해결하기 위해 접근하는 것이 아닌, 근시안적으로 당장 눈에 보이는 성과만 추구하고 있지 않나라는 생각이다.

일자리 부족 문제에 대해서는 한정된 지면관계상 전부 다룰 수 없으니, 일본 IT기업의 취업과 관련된 이야기만 하려고 한다. 2019년 두 차례 한국에서 개최되는 해외취업박람회에 초대받아 현장의 분위기와 현실을 볼 수 있는 기회가 있었다. 주최 측이 해외에서 왕복항공료 및 숙식 제공 등의 파격적인 조건으로 구인기업을 모집하여 치르는 행사였기 때문에 나름 기대를 가지고 참가했다.

면접장에는 많은 젊은이들이 모여 들어 국내 취업난이 얼마나 심각한지 피부로 느낄 수 있었지만, 구직자들과의 면접을 진행하면서 주최 측이 기대할 만한 성과를 거두기는 어려울 거라 예상했다. 참가자들은 일본 취업을 희망한다고 부스를 방문했지만 대부분의 구직자들은 기초적인 일본어도 구사하지 못했고, 해외취업에 대한 사전준비조차 되어 있지 않았다. 막연히 국내취업이 어려우니 해외취업이라도 검토해보고 싶다는 심정에서 면접에 임했을 거라는 생각이 들었다.

아무리 일본에 IT인재가 부족해도 단기간 일본어와 IT교육을 시킨다고 해서 일본 기업들이 한국에서 취업이 안 되는 젊은이들을 채용할 것이라 생각하는지, 취업을 희망하는 젊은이들과 이들

의 취업을 추진하는 정부관계자들에게 물어보고 싶다. 한국 내에
도 구인난에 시달리는 IT중소기업들이 즐비한 현실에서 이들이
외면한 인재들을 일본이라면 가능할 것이라는 오만한 생각은 어
디서 오는 것일까? 참으로 답답한 현실 인식에 한숨이 앞선다.

　더군다나 최근에는 인재 부족에 시달리는 일본에 수년간만 일
하면 목돈을 쥘 수 있다는 '재팬드림Japan dream'을 꿈꾸며 중국이
나 베트남 그리고 미얀마 등 동남아를 중심으로 많은 인재들이
유입되고 있다. 각국의 일류대학을 졸업한 유능한 인재들이 전문
기술이나 일본어 구사 능력 등 오랜 기간 치밀하게 준비하여 일
본땅을 밟고 있는 현실을 고려해 볼 때 우리나라 인재들이 이들
과 경쟁하기에는 너무나도 경쟁력이 부족하다는 생각이 드는 것
도 무리는 아니지 않은가.

　과연 한국의 젊은이들에게 일본 취업의 기회는 없는 것일까?
그렇지 않다. 역설적으로 필자는 우리 젊은이들의 일본 취업에
큰 가능성을 본다. 단, 진출하는 분야와 역할에 따라 상황은 극적
으로 반전될 수 있다고 본다.

　분명히 우리가 취업시장에서 동남아시아의 인재들과 경쟁을
하면 밀릴 수밖에 없는 이유가 너무도 많다. 그들의 해외취업에
관한 확고한 의지도 그렇지만, 한자를 기본으로 하는 일본 사회
에서 한자문화권인 중국인들과의 경쟁은 그야말로 기울어진 운

동장일 기 대에는 없는 것이니.

그럼 우리 젊은이들의 경쟁력은 무엇일까? 그것은 다름 아닌 세계 최고의 정보화 선진국에서 일상생활을 영위해온 경험들이다. 한국은 일제강점기 이후 많은 분야에서 일본의 영향을 받아 상당 기간 일본을 벤치마킹하며 성장을 거듭해왔다. 우리의 정치, 경제, 사회, 문화 등 그 어느 분야도 일본의 영향을 받지 않은 분야가 없다는 사실을 주목할 필요가 있다.

그러나 1998년 대한민국을 덮친 IMF 경제위기를 정점으로 탄생한 김대중 정권과 노무현 정권이 추진한 IT 정책과 그 가운데서 속속 진행된 국가 전 분야의 정보화정책 추진은 우리나라를 세계 최고의 정보화 국가로 변모시켰다. 그 결과 유엔 등이 격년제로 실시하는 세계전자정부 랭킹에서 줄곧 1위를 지켜왔고, 세계도시전자정부 랭킹에서도 서울시가 부동의 1위를 차지했다.

한편 우리의 벤치마킹 상대였던 일본은 마치 토끼와 거북이의 경주를 연상시키듯 우리나라보다 한참을 앞서간 나라였음에도 불구하고, 지금은 우리나라와는 비교가 안 될 정도로 정보화가 뒤처져 있으며 정보화사회 이전의 모습을 그대로 간직하고 있다.

그러나 2000년 모리 수상이 e-Japan 전략을 발표한 이후, 일본 정부가 국가정보화에 대략 매년 1조 엔(한화 약 10조 원) 이상을 투자하여 누계로 따지면 무려 200조 원이 전자정부사업에 들어갔으나 투자금에 견줄 만한 성과는 거두지 못하고 있다. 아마도 세계전자정부 1위를 차지했던 우리나라의 정보화 예산과 비교해 보면 족히 10배 아니 그 이상 투자를 해왔다.

그럼에도 불구하고 왜 오늘날의 결과가 이렇게 극명하게 갈리는 것일까? 분명히 IT 분야에 있어서 우리보다 선진국이었을 일본이 말이다. 필자는 일본 정부가 위촉한 전자정부추진원으로서의 경험과 일본의 광역 및 기초자치단체의 CIO보좌관으로서의 경험, 민간기업의 정보화 컨설팅을 수행하며 직간접적으로 체득한 경험에 비추어 볼 때 일본의 정보화가 답보하고 있는 근본적인 이유는 '정부나 민간분야에 정보화 추진을 위한 전문가 부족과 나날이 발전되어가는 최첨단 정보화기술의 동향에 대한 지식과 경험 부족'이라고 본다.

IT와 업무를 융합하여 새로운 서비스 혹은 업무 혁신을 추진해야 하는 IT융합 시대에는 혁신정신이 필요한데, 일본은 국가 및 기업 경영에 대한 IT의 적절한 활용 이미지가 없어 단순히 전산화의 연장선상에서 국가정보화를 추진하고 있다.

한국 젊은이들이 일본에서 생활하면서 행정, 의료, 금융 서비스를 경험해보면 한국과의 차이를 느끼게 되고, 왜 일본은 아직도 우리처럼 정보화가 이루어지지 않았을까라는 의문을 갖게 될 것이다. 혹은 일본 기업에 취업해서 우리와는 사뭇 다른 일본 사내 정보시스템을 경험해보면 정보화의 문제점이 보일 것이다.

'모든 혁신은 현재에 대한 부정에서부터 시작된다'는 말처럼 우리 젊은이들이 일본에서 일하게 된다면 일본의 젊은이들과는 다르게 문제점을 직시하고 개선해야 할 점을 관리자 혹은 경영자에게 제기하게 되므로 기업 발전에 기여할 기회가 주어질 것이다. 즉 일본의 혁신을 이루기 위해 값싼 양질의 노동력도 필요하지만, 일본의 현재 상황에서 어디에 문제가 있는지를 명확히 알고 해결책을 제시할 수 있는 고급인재는 더욱더 소중한 인재가 아닐 수 없다.

우리 회사는 10여 명 정도의 소규모지만 일본 정부나 지방자치단체 및 대기업 등을 상대로 정보화 컨설팅을 수행하고 있다. 우리 회사 규모의 일본 기업이라면 꿈도 못 꿀 일이며 한국의 대기업조차도 진입하지 못한 시장에서 맹활약하고 있다. 이것은 고객들에게 일본의 과거와 현재 문제점을 짚어주고 해결책을 제시해준 경험이 풍부하기 때문에 가능한 일이다.

필자는 스스로를 디지털 봉이 김선달이라 칭한다. 그 이유는 김선달이 대동강 물을 팔아서 돈을 벌었듯이 한국인이라면 누구나 누리고 있는 정보화사회의 일원으로서의 경험을 지식으로 정리해서 이를 일본인들에게 제시하고 그것을 바탕으로 일본의 정보화에 기여하고 있기 때문이다.

한국의 젊은이라면 누구나 병역의 의무를 마쳐야 한다. 필자도 현역 사병으로 복무를 마쳤지만 주변에 장교로 복무한 지인들도 많았다. 능력의 차이로 장교가 되고 사병이 된 것이 아니라, 단순히 각자의 선택에 따른 것이며 직책에 따라 군에서의 역할이 달라진다.

장교는 지휘관으로서 본인에게 주어진 부하사병과 전투 장비를 활용하여 최대한의 성과를 거두기 위한 용병술을 배우고, 사병은 전투 능력을 키우는 방법을 배운다. 즉 장교는 최소한의 희생으로 작전을 성공시키는 것이 중요하고, 사병은 승리를 위해 싸우지만 본인의 희생보다는 생존을 우선시하므로 당연히 양자의 시각 차이는 존재할 수밖에 없다.

한국 청년들을 일본에 취업시키려면 장교의 역할로 보낼 것인가 사병의 역할로 보낼 것인가에 대한 깊은 고민이 필요하다. 개인적으로 사병 즉, 프로그래머를 일본에 보내고자 한다면 말리고 싶다. 인건비나 개발생산성 등으로 중국이나 베트남 그리고 미얀마나 인도인들을 당해낼 정도의 경쟁력이 없기 때문이다.

현재 가능성이 있는 것은 장교 즉, 프로젝트 매니저나 기획자 등으로 일본에 가는 것이다. 프로그래머에 비해 현실적으로 급여가 높기도 하고 현재 일본에 가장 많이 부족한 부분이기도 하며, 또 일본과 유사한 정보화 과정을 거친 우리가 잘 해낼 수 있는 분야이기 때문이기도 하다.

대한민국의 영토는 좁고 지하자원은 빈약한 나라지만 인적자원만큼은 세계 어느 나라에도 뒤처지지 않는다. 좁은 땅덩어리에 너무도 많은 똑똑한 인재가 치열하게 경쟁을 하기에 미기운 곳 같다. 우리 젊은이들이 좁은 한국 땅에서 경쟁하여 서로를 소모시키지 말고, 세계 각국으로 퍼져 나가 성공적으로 정착하여 유대인들처럼 외부에서 조국을 지원하는 모습들을 꿈꾸어 본다.

내로남불과 내불남로

> ○ **내로남불**
>
> '내가 하면 로맨스, 남이 하면 불륜'이라는 뜻으로, 남이 할 때는 비난
> 하던 행위를 자신이 할 때는 합리화하는 태도를 이르는 말.

'내로남불'도 경계해야 하지만 그 반대인 '내불남로'도 유의해야 할 점이 있다. 한국의 지식인들에게 일본은 두 개의 얼굴밖에 없는 모양이다. 역사나 영토 문제 등이 불거져 나오면 그야말로 상종 못할 인간들로 묘사하다가, 느닷없이 참으로 배워야 할 것 많은 아주 훌륭한 나라로 묘사를 한다.

아베노믹스(일본의 경기 회복, 20년 가까이 이어져 온 디플레이션과 엔고 탈출을 위해 모든 정책 수단을 동원하겠다는 아베 정권의 정책)에 대해 한국 내 보수와 일부 진보에서조차 일본인 이상으로 후한 평가를 내리는 사람들이 많다는 사실을 발견할 때마다 씁쓸한 마음을 감출 수가 없다.

분명히 일본의 경제는 아베 총리가 입성한 이후로 파격적인 변화를 보이는 것이 사실이다. 하지만 그 실체를 들여다보면 속으로 심각하게 곪아가고 있다. 아베 총리가 등장하기 전인 민주당 정권 시절, 필자는 일본 정부가 구성한 총무성 산하의 정부정보시스템 개혁 검토위원회의 구성원으로 활동한 적이 있다. 당시 일본은 나날이 비대해지는 국가 채무와 매년 반복되는 국가 재정 적자 문제로 상당한 위기의식을 가지고 있었다.

이미 국가 채무가 일본 국민 GDP의 200%를 넘어가 재정 적자는 매년 50조 엔씩 늘고 있는 데다가, 고령화에 수반되는 매년 1조 엔 이상의 국가 의료재정 적자 확대 문제는 시급히 해결해야 할 국정 과제였다.

70년만에 정권 교체를 이루어 꿈에 부풀어 있었던 민주당이었지만, 경험 부족에서 오는 여러 정책의 실패로 국민의 신뢰를 잃었다. 또한 여소야 대與小野大 상태라 아무런 일도 할 수 없었던 민주당은 국가 재정의 재건만 이라도 이루겠다며 당시 자민당 총재인 아베 신조와 어느 쪽이 정권을 잡더라도 5%였던 소비세를 10%로 증세하는 것을 조건으로 조기총선거를 실시했지만, 어렵게 가져온 정권을 자민당의 손에 다시 넘겨주게 된다.

그 후에 집권한 아베 신조가 제창한 아베노믹스는 그야말로 헬리콥터머니 그 자체였다. 헬리콥터머니는 일본 정가에서 만들어진 조어로 '헬리콥터에서 지폐다발을 뿌린다'는 뜻이다. 그는 즉각 증세하겠다는 약속을 헌신짝처럼 던져버린 듯했다. 수차례 증세 시기를 연기하더니 8% 증세라는 편법으로 급한 불을 끄고, 상상을 초월하는 양적완화 정책으로 일본 은행에서 무작위로 엔화를 찍어내게 만들었다.

또한 재정 적자가 심각한 공공분야에 헬리콥터머니를 뿌려 물가를 2% 이상 끌어올린다고 했지만, 결국 돈만 풀고 2%의 물가 상승은 아직도 요원한 과제로 남았다. 하지만 마구 뿌린 돈으로 환율이 내려가 일본의 대기업들은 가격 경쟁력을 회복하여 수출이 증가했고, 달러로 수금한 돈을 엔화로 환전하여 결산하게 된 덕에 앉아서 환차익만으로 10% 이상의 흑자를 내는 결과를 만들었다.

또한 아베 신조는 120조에 달하는 GPIF(일본공적연금)의 위험자산 투자원칙을 개정하여 국내주식시장 투자금액 한도를 5%에서 25%까지 늘려 주가 부양에 총력을 기울였다. 그래서 금융 전문가들은 주가가 하강국면으로 들어가면 공적연금이 막대한 리스크를 안게 된다는 전망을 내놓기도 했다.

일본의 경제신문 〈닛케이〉는 망해가는 대기업들을 공적기금을 부어 살려낸 결과, 일본 은행이 2020년에는 일본 주식시장의 최대지배자인 GPIF를 추월하여 일본 최대주주로 등극할 것이라고 예측했다. 일본의 자본시장을 중앙은행이 좌우하는 구조를 만들어낸 것이다. 현재 일본 은행이 보유한 주식총액은 2019년 3월 말 기준 이미 28조 엔을 돌파하는데, 이는 도쿄증시 1부의 시가총액의 4.7%에 해당된다.

이대로 간다면 2020년 11월에는 40조 엔으로 늘어나, 이는 현재 최대주식보유자인 GPIF의 도쿄증시 1부 주가총액의 6%를 넘어서는 결과를 초래하여 상당한 리스크를 안게 될 거라 지적했다. 일본 은행이 국내 상장사의 50%에 해당되는 기업의 대주주라니 이게 자본주의 국가에서 얼마나 비정상적인 상태인지 전문가가 아니라도 알 수 있다.

한국에서 칭찬하는 '일본의 일자리 문제'도 심각하다. 아베 집권 이후 '일하는 방식의 혁신'이라는 이름으로 정규직을 비정규직으로 바꾸는 각종 제도가 시행되어 2017년 말에는 전체 근로자의 40%가 비정규직 근로자가 되었다. 그 바람에 많은 이들이 박봉에 시달리고 있어 빈부 격차는 날로 심화되고 있다.

일자리가 늘어났다고 하지만 일본 정부가 노동고용 통계수치를 위조하여 발표한 것으로 드러나 국회에서 추궁당하고 있는 실정이다. 또한 실업자가 줄어든 것은 일본 경기 전체가 좋아져서 벌어진 현상이 아니라 올림픽 특수 및 정부의 공적 투자의 증가, 저출산으로 인한 근로적령기 인구 감소로 인한 현상이지 결코 정상적으로 경기가 호전되어 일어나는 현상이라고 단언할 수 없다.

또한 3D 업종을 기피하는 젊은이들이 늘어나 농촌과 노인복지시설 및 요양원에는 저임금 외국인 근로자가 넘쳐나지만, 이들이 저임금과 학대 등으로 일본 사회의 그늘에 숨어 살아가고 있어 심각한 사회 문제를 일으키고 있다.

이러한 제반 문제를 해결하려는 의지가 없는 일본 정부에 대한 실망은 정치에 대한 무관심으로 이어져 20%가 넘는 지방자치단체 의회의원선거에서 입후보자 부족으로 투표도 없이 당선되는 사태가 줄을 잇고 있다.

그럼에도 불구하고 일본이 이토록 조용한 이유는 '지렁이도 밟으면 꿈틀한다'는 한국인과 달리 모든 것을 일본인들은 숙명으로 받아들이고 현실에 적응해서 나름의 방식으로 살아가고 있기 때문이다. 일본에서 무언가를 배우려면 반드시 일본이 잘하는 점을 배워야 한다. 언제까지 일본에 대해서 내로남불이 아닌 내불남로를 할 것인가.

제 2 장

일본을 여는
새로운 열쇠

생각의
차이
좁히기

日本
觀察

친일파

일본의 오해를 불러일으키는 대표적인 단어가 '친일파'다. 한국 신문을 보면 일본에 대한 비난기사도 많고 '토착왜구', '친일파'라는 말들이 눈에 띈다. 그래서 그런지 일본 지인들과 대화를 나누다 보면 조심스럽게 가끔 이런 질문을 한다.

"요즘 한일 관계가 원만치 않아서 여러모로 애로 사항이 많겠어요."

"아니요. 그리 큰 영향은 없는 것 같습니다."

사실 한국인 커뮤니티나 일본인 커뮤니티에서 필자가 특별히 비난받을 일은 별로 없다.

"한국 뉴스나 신문을 번역한 일본 신문을 보면 '친일파의 재산을 몰수한다'든지, '친일 잔재를 청산해야 한다'는 말도 자주 등장하고 하던데요, 당신은 누가 봐도 일본을 좋아하는 친일파인데 정말 괜찮아요? 그리고 왜 한국인들은 친일파를 싫어하나요?"

필자는 양국 간 단어 사용에 오해가 있음을 눈치채고 무릎을 탁 쳤다.

"한국에서 이야기하는 친일파와 일본인이 이야기하는 친일파는 다른 겁니다. 저는 일본을 좋아하지만 사람들이 저를 '친일파'라고 하지 않아요."
"당신 같은 사람이 친일파가 아니면 무슨 파라고 하죠? 그리고 당신이 친일파가 아니라면 또 한국인이 미워하는 친일파는 누구를 이야기하는 건가요?"

대화를 하면서 문제의 본질을 깨달았다. 한국에서 '친일파親日派'는 '매국노'를 지칭하는 표현이지만, 일본어로 번역하면 '일본과 친하게 지내는 사람'인 것이다. 양국 간에 서로 이러한 오해가 있는 줄 모르는 대부분의 일본인들은 언론에서 보도되는 '친일파' 관련 뉴스를 접하면 한국인들은 반일교육을 받고 자라며 일본과 가까이 지내려는 사람마저도 손가락질 당한다고 생각하게 된다.

필자는 일본인들에게 열심히 설명한다.

"한국에서 사용하는 '친일파'라는 단어는 일본에 나라를 팔아먹은 이완용이나, 일제강점기에 일본 정부에 적극적으로 협력하여 자국민을 탄압한 사람들을 뜻합니다. 일본 군인, 일본 경찰, 일본 정부 관리직을 맡아 천황폐하를 숭상한다며 사리사욕을 채우고, 독립운동을 하는 자국민들을 감옥에 넣기 위해 혈안이 되어 있는 사람들을 싫어하는 것은 당연한 거죠. 일본인도 같은 입장이 되면 이해할 수 있을 거예요."

그럼 그들은 또 묻는다.

"그럼 일본을 우호적으로 생각하고 사이좋게 지내는 사람들은 뭐라고 부르나요?"

대답하기가 좀 궁색해진다. 본래 '친일파'라는 의미는 한문으로만 보면 '일본과 가까이 지내는 사람들'이라는 뜻이니 그대로 써도 되지만, 한국에서 쓰는 뜻과 구분이 되지 않으니 문제가 된다. "아무튼 긍정적인 의미의 '친일파'라는 호칭이 없다는 것은 참 서운한 일입니다"라며 대화를 마쳤다.

짧은 대화였지만 '친일파'라는 단어가 오해의 불씨가 될 수 있을 빈곤할 수 있었던 시간이었다. '친일파'라는 단어에 대해 곰곰이 생각해볼 필요가 있다. 지인 중 한국인이 있거나 한국의 역사에 관심 있는 일본인들은 한국에서 사용하는 '친일파'의 의미를 알 수 있는 기회가 있겠지만, 한국인과 전혀 접점이 없는 대부분의 일본인들은 '한국인들은 기본적으로 일본을 싫어한다'고 생각할 것이다. 이 문제는 하루 속히 해결책을 찾아야 하는 심각한 사안이다.

과거사 문제로 서로 간에 입장과 생각이 달라서 다툼이 생기는 것은 어쩔 수 없지만 적어도 '친일파'의 뜻을 모르는 일본인들에게 불필요한 오해를 받는 일은 없어야 하지 않을까. 다음 소개할 몇 가지 사례만 보아도 우리가 당연하게 사용하는 단어들을 일본인들은 전혀 다른 의미로 해석하거나 받아들이는 경우가 비일비재하다.

꼬일 대로 꼬인 한일 관계를 바라보면 사소한 오해로부터 문제가 커지는 경우를 많이 본다. 비즈니스 문제는 서로 필요에 의해서 하는 것이니 대화를 거듭하다 보면 오해를 풀 수 있는 기회가 있겠지만, 양국 국민 간에 이러한 불필요한 오해들이 쌓여간다면 화해는 점점 더 멀어지고 말 것이다.

"

그런 의미에서 상대를 제대로 안다는 것은 무척이나 중요하다. 특히나 일본인과 우리들은 사용하는 언어도 생김새도 비슷하고 교류도 많기에 서로 잘 안다고 생각하기 쉽지만, 오히려 그런 생각들이 함정이 된다.

02

나라가
다르면
상식이 다르다

　많은 한국인들은 일본인들의 생활이 한국과 크게 다르지 않다고 생각하고, 한국인의 상식으로 일본인을 대한다. 하지만 나라가 다르면 상식이 다르다. 하물며 고향이 달라도 상식이 다를 수 있다.

　일본의 관동 지방과 관서 지방은 공급되는 전력의 주파수가 다르다. 관동 지방은 50Hertz, 관서 지방은 60Hertz를 사용하고 있다. 관동 지방은 독일에서, 관서 지방은 미국에서 발전기를 도입했기 때문이다. 에스컬레이터를 탈 때도 관동 지방은 왼쪽에 서고, 관서 지방은 오른쪽에서 선다. 같은 나라인데 공공 규칙도 이렇게 다르다.

팔방미인

◆◆◆◆◆

일본인이 "당신은 팔방미인이군요"라고 말한다면 기분이 어떨까? 나쁘지는 않을 것이다. 당신은 내심 좋은 평가를 받은 것이 흐뭇하지만 겸손하게 웃으며 이렇게 대답할지도 모른다.

"별말씀을요, 과찬이십니다."

그러면 일본인은 고개를 갸우뚱할 것이다.

'이상하네. 왜 이런 반응을 보이지?'

한국과 일본에서 사용하는 '팔방미인'이라는 뜻은 완전히 다르다.

○ 한국에서의 팔방미인

　다방면으로 재능이 뛰어난 사람

○ 일본에서의 팔방미인

　이 사람, 저 사람에게 잘 보이려고 소신 없이 처신하는 사람

단어는 똑같지만 일본에서는 부정적인 의미로, 한국에서는 긍정적인 의미로 쓰인다. 이처럼 양국 간에 전혀 다른 의미로 사용하는 단어들이 꽤 많다. 그 나라의 문화와 역사에 대한 배경지식이 없이 그 단어를 액면 그대로 받아들이면 오해가 쌓이게 된다.

적반하장

◆◆◆◆◆

일본 정부가 한국을 '화이트 리스트(수출심사 우대국명단)'에서 제외하겠다는 발표를 하자, 문재인 대통령이 '적반하장賊反荷杖'이라는 단어를 사용하며 유감을 표한 적이 있다. '적반하장'이라는 단어를 일본 신문에서 '도둑놈이 부끄러운 줄 모르고 오히려 몽둥이를 들고 주인에게 덤빈다'고 직역을 하거나, '부끄러움을 모르는 인간'이라는 의미의 말로 옮겨 많은 일본인들의 공분을 샀다. 일본에서 '부끄러운 줄 알아라!'라는 말은 매우 과격한 말이다.

'적반하장'을 한자 그대로 풀어보면 한국에서나 일본에서나 그리 다르지 않다. 그러나 문재인 대통령은 한국에서 일상적으로 사용하는 '적반하장도 유분수지'라는 정도의 뉘앙스로 썼을 것이고, 이를 받아들이는 일본인들 입장에서는 해석하는 방법이 다르니 일국의 대통령이 외교적 수사로 사용하는 것이 부적절하다는 생각도 일리는 있다.

외교부에서 대통령의 담화 시 정확한 뜻이 전달되도록 노력하겠지만, 아마도 우리나라 외교부에서는 양국에서 사용하는 '적반하장'의 뉘앙스를 몰랐을 것이라고 감히 짚어본다.

한(恨)

◆◆◆◆◆

얼마 전 한국을 무척 좋아하는 일본인 친구를 만났다. 필자가 개최하는 한국견학프로그램 인터넷 콜럼버스에 참가하면서 한국을 처음 방문하게 되었는데 이것이 계기가 되었다고 한다. 한국 방문 이후 우리는 친해지게 되었고, 가끔 만나 소주잔을 기울이며 업계 이야기를 나누는 사이가 되었다. 함께 대화를 나누다가 그 친구가 근심 가득한 표정으로 이렇게 물었다.

"한국 사람은 한 번 다투면 다시는 화해를 못한다는 것이 사실인가요?"

"아니, 그런 게 어디 있어요? 진심으로 사과하면 화해가 되는 거지요."

그러자 그의 얼굴이 환해지며

"그렇죠! 저도 그럴 거라 생각해요"라고 답했다.

그런데 잠시 후 그가 다시 물었다.

"우연히 2013년 박근혜 대통령의 3.1절 경축사를 보았습니다. 일본과의 관계를 이야기하면서 '천년의 한'이라는 표현을 했는데, 그건 일제강점기에 벌어진 일에 '천년 동안 한을 품고 산다'라는 뜻이지요?"

박근혜 대통령이 '가해자와 피해자라는 역사적 입장은 천 년의 역사가 흘러도 변할 수 없는 것'이라 발언한 것을 일본 언론에서는 '천 년의 한으로 번역되었다. 순간 무어라 내뱉을 해야 할 지 망설여져 잠시 생각에 잠겼다.

정말 박근혜 대통령이 일본 식민지 지배에 대해 천년 동안 한을 품고 산다고 했던가? 아니다. 그런데 일본인들 왜 그렇게 생각할까? 왜 그렇게 받아들였을까?

순간 떠오르는 게 있었다. 우리에게 한恨은 어떤 의미인가?

한 많은 이 세상 야속한 님아 정을 두고 몸만 가니 눈물이 나네
　　　　　　－ 가수 조용필의 '한오백년'이라는 노래 가사 中

'한'의 사전적 의미는 몹시 원망스럽고 억울하거나 안타깝고 슬퍼 응어리진 마음이지만, 한국에서는 주로 자신의 신세를 한탄하는 의미로 쓰인다. 즉 원한怨恨이 아니라 회한悔恨 같은 것이다.

어려운 형편에도 아들 뒷바라지를 한 어머니가 명문 대학에 입학한 아들에게 '내가 한을 풀었다'고 이야기한다. 여기서 '한'은 '소원'을 의미한다. 일본인 입장에서는 이해가 안 갈 것이다. 아들이 명문대에 합격을 했는데 한을 풀었다니!

그런데 일본에서는 어떨까? 일본에서 '한恨み'이라는 말은 한국어로 '원한, 앙심'이라는 말과 동의어이다. 문제의 핵심은 바로 그거였다. 박근혜 대통령의 경축사 중 '천년의 한'이 일본어로 번역되어 보도되었을 때 한국을 모르는, 아니 한국인이 사용하는

'한'이라는 단어의 의미를 모르는 일본인들은 바로 '원한'을 떠올렸을 것이다. 그래서 '한국인들은 한 번 한을 품으면 천 년이 지나도 풀리지 않는구나. 우리와 영원히 화해라는 것은 있을 수 없구나' 라고 생각했을 것이다.

"

같은 한자를 사용하다 보니, 한일 서로 간에 뜻을 짐작해서 확신해 버리는 것에서 오는 문제다. '일본은 가깝고도 먼 나라가 아닌, 가깝지만 많이 다른 나라'라는 것을 명심해야 한다.

03

일본인의 종교관

본격적으로 일본에 건너와 살게 되면서 제일 먼저 찾은 곳은 교회였다. 크리스천(기독교 신자)이라 집 근처에 있는 예쁜 교회를 발견하고 일요일에 예배를 드리기 위해 갔지만 문이 닫혀 있었다.

'이상하다. 왜 문이 잠겨 있지?'

의문을 가진 채 시간이 흘렀다. 이후 김대중 대통령이 국빈으로 일본에 방문했을 때 재일기업인으로 교민파티에 초대를 받아 도쿄에서 가장 유명한 오쿠라 호텔에 간 적이 있는데, 그 안에 예쁜 교회가 있는 것이 아닌가. 궁금해진 나는 지배인에게 물었다.

"왜 호텔 안에 교회가 있지요?"

"저긴 교회가 아니라 결혼식장입니다."

지금 일본에서 다니는 교회의 교인은 약 50여 명이다. 한국에서는 아주 작은 편에 속하지만 일본에서 이 정도 규모면 나름 큰 편에 속한다. 일본은 크리스천이 전 국민의 1% 미만이다.

일본에 언제 기독교가 전파되었고, 크리스천이 왜 이렇게 적을까? 1600년대 후반 일본에 유럽 문물이 들어오면서 기독교가 전파되었다. 당시 외국에 개항되었던 나가사키 등을 통해 많은 선교사들이 속속 입국하여 활발한 포교활동을 벌인 결과, 일본 내 기독교인은 수십만 명을 넘어설 정도로 교세가 무섭게 성장했다.

외국의 선진문물을 받아들이기 위해 개항을 선택했던 일본의 조정과 막부였지만, 하나님을 유일신으로 섬기는 기독교 교리에 두려움을 느끼고 자신들이 신으로 떠받드는 천황을 부정하는 사태를 방지한다는 명분으로 기독교를 강력하게 탄압하기 시작한다.

이들은 예수 초상이 그려진 동판을 길바닥에 놓고 크리스천으로 의심되는 사람들을 잡아다가 기독교인 여부를 판별하는 방법으로 예수의 초상을 밟게 했는데, 밟으면 크리스천이 아니거나 배교한 것으로 보았다. 비록 예수의 초상을 발로 밟더라도 미심쩍은 구석이 있으면 십자가 위에 침을 뱉으라고 강요하고, 침을 뱉지 못하는 사람은 크리스천으로 분류되어 배교할 때까지 가혹

한 형벌에 처했다. 이때 생겨난 말이 '후미에'라는 단어다.

○ 후미에(踏み絵)

한자의 뜻 그대로 '그림을 밟게 한다'는 뜻에서 유래되었다. 일본의 에도 시대에 크리스천을 색출하기 위해 성모 마리아나 예수의 초상을 그린 그림판을 밟게 하였다. 이후 '후미에'는 마음속에 가지고 있는 사상이나 신념 혹은 생각을 본인의 의사와 관계없이 공개하도록 강요한다는 뜻이 되었다.

그들은 섬이나 지하 동굴같이 깊숙하고 은밀한 곳에 예배당을 지어 놓고 예배를 드리며 명맥을 이어갔고, 석가모니 좌상 안에 성모 마리아상을 숨겨 놓고 예배를 드렸다고 한다.

오늘날에도 규슈 지방의 나가사키나 가고시마 등지에 가면 당시 예배당이 그대로 남아 있고, 대대로 예배당을 지키는 카쿠레 키리스탄(숨은 기독교인이라는 뜻의 일본어)들이 활동하고 있다.

크리스천임이 발각되면 형언할 수 없는 악랄한 고문 등으로 이들을 배교시키려 했지만 이들은 오히려 순교의 길을 택함으로서 일본의 조정과 막부는 더욱더 강력한 탄압정책을 실시한다. 이때 순교한 기독교인이 30만 명이 넘는다고 전해지는데, 전 세계적으로 이렇게 짧은 기간에 수많은 사람이 자신의 신앙을 지키고자 순교한 사례는 찾아보기 어렵다.

다시 후미에 사건을 생각해본다. 소신을 버리고 현실과 타협해야 살아남을 수 있는 상황에 처해지게 된다면 나는 어떤 선택을 할 수 있을까? 자신을 차분히 돌아보게 된다.

필자가 일본에서 다니는 교회에는 가족보다 아주머니 혼자만 다니는 경우가 많다. 대부분 가족 중 혼자만 크리스천이기 때문이다. 가족에게 왜 전도를 하지 않으시냐고 물어보면, 신앙의 자유가 있기 때문에 강요하지 않는다고 답하신다.

하지만 신년예배나 크리스마스에는 가족이 함께 오는 경우가 많다. 어느 해인가 신년예배가 끝나고 각자 집에서 준비해온 음식을 먹으면서 이야기를 나누고 있었다. 남편이 먼저 자리를 뜨고, 곧이어 크리스천인 부인이 자리를 나섰다. 그 부인에게 물었다.

"남편분이 어디를 급하게 가시는 거죠?"
"신사참배를 하러 가요."
"네? 왜 가시는 거죠?"
기독교는 유일신이라 교리상 다른 신을 섬기지 않는다.
"남편이 여러 신에게 죄다 얼굴을 내밀고 빌면 좋을 거라네
 요. 그래서 저도 할 수 없이 따라갑니다."

우리의 상식으로는 이해할 수 없지만 이것이 일본인들의 종교관이다. 이 세상 모든 것에는 신이 깃들어 있다고 믿는다. 지독하

...기만치 현실적이고 편리한 사고방식이다.

매년 10월 말이 되면 여기저기서 크리스마스 캐롤이 울려 퍼지기 시작한다. 찬송가를 부르기도 하고, 곳곳에서 크리스마스 행사가 열리기도 한다. 하지만 이들은 크리스마스가 무슨 날인지 예수가 누군지 모른다. 크리스마스 트리를 장식하거나 선물을 주고받고 캐롤을 즐기는 날일뿐이다. 이들에게는 할로윈데이, 발렌타인데이 역시 온 동네가 들썩일 정도로 시끌벅적하게 지내지만 특별한 의미를 부여하지 않는다. 단순히 즐겁게 노는 축제의 날이다.

일본에는 팔백만 신八百万神이 있다고 한다. 전쟁에서 목숨을 잃은 사람들은 군신 즉 군인의 신이 된다고 믿는다. 돌에는 돌의 신, 나무에는 나무의 신, 바다에는 바다의 신 등등 끝이 없다. 이것이 일본인들의 종교관이기에 어떤 의미로는 야스쿠니에 합사되어 있는 전범들도 살아 있을 때는 전범이지만 죽은 뒤로는 그냥 신이라는 논리인 것이다.

이러한 생각의 차이는 일본인의 의식 구조를 아는데 매우 중요한 단서가 된다. 예수의 사진을 밟기만 하면 목숨을 건질 수 있지만 순교의 길을 택했던 일본인, 태평양전쟁 때 패색이 짙어지자 투항이 아닌 전원 옥쇄(온전한 기왓장으로 남느니 옥으로 부서지겠다는 '와전옥쇄瓦全玉碎'를 외치며 장렬히 전사함)라는 이름으로 목숨을 버렸던 일본인들의 모습에서 무서우리만치 완고하고 고지식한 국민성을 다시 한 번 깨닫게 된다.

우리 정부는 이들로부터 전쟁이 아닌 외교와 협상을 통해 식민지 지배 역사에 대한 제대로 된 사과를 받아야 한다. 또한 독도가 우리 땅임을 인정받아야 하며, 위안부 피해자분들과 강제징용 피해자분들이 납득할 만한 사과와 보상을 받아야 하는 의무가 있다.

그러기 위해서 우리는 일본인들을 무책임하다고 비난하기 전에 일본이라는 나라를 더 정확히 알아야 하고, 일본인의 정신세계와 사고방식을 연구해야 한다. 우리와는 전혀 다른 사고방식과 상식을 가진 이들을 논리적으로 설득할 방안을 강구해야 할 때다.

04

일을
대하는
태도

일본인들은 무슨 일을 하든 '외형부터 시작한다形から入る'는 말을 자주 한다. 쉽게 말하면 '무슨 일을 시작하기 전 사전 준비를 철저히 한다'는 의미이다.

예전에 한 일본 공무원에게 이런 이야기를 들었다. 필자가 일본 내에서 판매하고 있는 한국산 증명서자동발급기는 하드웨어이기 때문에 정기점검도 필요하고 가끔 고장도 나서 기술자들이 주기적으로 점검을 하러 온다. 그는 '기기 점검하는 모습'을 보면 일본인과 한국인이 일하는 모습이 완전히 다르다며 멋쩍은 웃음을 지었다.

○일본 기술자

관계 부서에 와서 담당 공무원에게 무슨 일로 왔는지, 시간이 얼마나 걸리는지 보고한다. 기기가 있는 장소로 가 주변에 천을 깔고, 그 위에 도면과 매뉴얼 그리고 공구 등을 가지런히 올려놓은 뒤 기기 커버를 연다.

○한국 기술자

모든 것을 생략하고, 일단 기기로 가서 커버를 열기 위해 드라이버부터 들이댄다.

이러한 차이는 사소한 것 같아도 결과에 큰 영향을 준다. 두 방식 모두 장단점이 있다. 한국 기업에서 납품한 소프트웨어에 버그가 생겨 수리를 요청하면 일본 업체보다 훨씬 대응이 빠르다. 그러나 디그레(업그레이드의 반대말. 디그레이드의 약칭으로 프로그램 수정으로 인해 이전에 정상적으로 작동되었던 기능이 마비되는 현상)가 자주 발생한다. 문제를 근본적으로 해결하려면 영향을 주고받는 부분들을 전체적으로 점검해 보아야 하는데, 문제가 되는 부분만 빨리 해결하려고 하기 때문이다. 빨리빨리 문화의 부작용이기도 하다. 요즘은 스피도도 품질의 한 척도이기 때문에 이것 역시 중요하지만 정확도도 무시할 수 없는 요소다.

일본 사람들은 카타치(자세, 형식, 용모)로 일을 시작하는 것이 이수까다. 일본에서는 복장을 중요하게 생각하기 때문에 유니폼이 다양하다. 옷을 갖추어 입음으로써 마음을 다잡는다. 한국의 도로공사 현장에는 펜스만 있고 경비원은 별도로 없다. 하지만 공사장에서 발생하는 보행자 안전사고 등을 고려하면 공사의 경중에 따라 경비원 배치도 필요한 일이다.

도로공사 현장에서 안전관리를 하는 일본 경비원

시스템 납품 시에도 일본과 한국에 차이점이 있다. 일본에서는 시스템을 납품하면 사용 개시와 함께 유지보수비를 별도로 청구하는 것이 일반적이다. 한국의 관행인 일정기간 무상보수라는 개념이 일본에는 없다. 왜 보수비용에 대한 차이가 나는 것일까?

"

일본에서는 완벽한 제품을 납품하기 때문에 제조자 측의 귀책사유로 인한 하자는 없다라는 것을 전제로, 문제가 발생하면 사용자 측의 과실이라 여긴다. 대한민국의 기술은 이미 세계 최강이다. 문제가 발생하면 무상보수를 하겠다는 마인드는 버리고, 당당하게 세계 무대에 나서기 위해서라도 기능과 품질 모두 세계 최고 수준으로 거듭나야 한다.

05

일본
국회의원과 나눈
역사 이야기

　문재인 대통령이 당선되었을 무렵, 가깝게 지내는 일본 국회
의원 부부와 저녁식사를 하며 한일 관계에 대해 이야기한 적이
있다. 특히 양국이 독도와 위안부 문제는 정치적 입장상 일방적
인 양보는 불가능하니 이를 극복해 나갈 솔로몬의 지혜가 필요하
다는 이야기를 나누었다. 그는 당시 필자의 SNS의 글을 보고 깨
닫는 것이 많다고 했다.

　"그중 하나가 문재인 대통령의 81만 개 일자리 만들기 정책에
대한 일본 언론의 비판을 반박한 글이었습니다."

　당시 일본 시사프로그램에서 문재인 대통령의 정책에 대한 토
론이 벌어졌다. 진행자가 게스트인 전 주한일본대사 무토 마사토

시에게 이렇게 물었다.

"문재인 대통령이 일자리를 81만 개 늘린다는 것이 공무원 일자리를 늘리겠다는 거 같은데, 한국 전문가이신 무토 씨는 어떻게 생각하세요?"

"인기에 영합해서 표를 얻겠다는 이야기 아니겠습니까? 그런 식으로 세금을 퍼서 쓰면 재정이 남아나겠습니까?"

무토는 《한국에서 태어나지 않아 참 다행이다韓国人に生まれなくてよかった》라는 혐한 서적을 썼다.

사실 '81만 개 일자리를 만들겠다'는 공약은 그만큼 공무원 수를 늘리겠다는 것이 아니라, '비정규직 근로자를 정규직으로 전환해서 안정된 일자리를 확보하겠다'는 의미였다. 필자는 이중 공무원 증원은 13만 명 정도라고 알고 있었는데, 일본 언론과 전 주한일본대사라는 사람이 정확히 알지도 못하는 사안에 대해 오해를 부풀리고 있는 것을 두고 볼 수가 없어 SNS에 글을 써서 올렸다.

자신만의 필터링이 있는 경우가 아니라면 일본 국민들은 이 방송을 그대로 받아들이게 될 것이기 때문이다. 이렇게 이야기하자 일본 국회의원은 내가 이야기해주지 않았다면 자신도 그렇게 생각할 뻔했다고 했다. 그래서 나는 이렇게 덧붙였다.

"일본인들은 주로 한국 뉴스를 〈조선일보〉, 〈중앙일보〉, 〈동아일보〉로 접하는데, 이들은 중립을 지키지 않습니다. 그래서 한국

에서는 그 중 동을 시네시 인근비비고 악평을 관립니다. 일본
에 〈산케이〉는 극우보수언론이지요. 그런데 〈산케이〉 기사를 보
고 한국인들이 모든 일본인들의 생각이라고 이야기하면 억울하
시겠지요? 마찬가지로 조·중·동 기사가 대다수 한국인의 생각
이라고 생각하면 곤란합니다.”

조·중·동은 특히 반일적인 기사를 많이 쓴다. 일제강점기 때
일본을 찬양했던 신문들이라서 일본에 대해 호의적으로 글을 쓰
면 친일로 매도당할까 그렇다는 이야기도 덧붙였다.

내친김에 한국과 일본의 관계를 악화시킨 두 지도자가 있는데
바로 박정희와 박근혜 전 대통령이라고 말해주었다.

“박정희는 원래 학교 선생님이었는데 천황의 군대에 가고 싶
어 도쿄에 있는 육사를 지원하려다가 연령 제한에 걸려 만주까
지 가서 만주 육군사관학교에 들어갔습니다. 관동군 장교로 당시
독립운동을 하던 동포들을 잡아들이는 일을 했었는데, 후일 군사
쿠데타를 일으켜 대통령이 된 것입니다.

집권에 성공한 박정희는 미국 등으로부터 정통성을 보장받으
려 하지만 거절당했어요. 입지를 굳건히 하기 위해 국민의 지지
를 받아야 했기 때문에 돈이 필요했습니다. 자금을 조달하기 위
해 생각해낸 것은 일본 식민지 지배에 대한 배상금이었죠. 이를
위해 일본으로 건너가 기시 노부스케(아베 총리의 외할아버지)를

만나 한일협정을 맺었습니다. 박정희의 약점을 파악한 일본은 당연히 식민지 지배에 대해 공식적 사과와 배상을 했어야 하지만, 사과도 없이 배상이 아닌 위로금 혹은 장려금의 명목으로 돈을 쥐어 주고 한국 정부로부터 면죄부를 받아낸 것입니다. 정통성 없는 한국 지도자와 얄팍한 술책으로 제대로 된 전쟁 배상 없이 얼버무리려는 일본 지도자의 잘못으로 인해 지금도 양국이 외교 문제로 고통을 겪고 있고, 서로 반목하는 상황에 이르게 된 것입니다."

박근혜 대통령도 위안부 문제에 대해 위안부 할머니들에게 한마디 상의도, 국민적 합의도 없이 얼렁뚱땅 일본으로부터 10억 엔의 배상금을 받아서 불가역적인 합의랍시고 국민에게 받아들이기를 강요했다. 박정희와 그의 딸 박근혜, 기시 노부스케와 그의 손자 아베 신조 두 집안이 양국 관계를 최악으로 만들고 있다고 말해주었고, 그는 이런 이야기를 학교에서 배운 적도, 누구에게 들은 적도 없다며 연신 고개를 끄덕였다.

또한 왜 한국인들이 독도 문제에 대해서 그리 심각하게 생각하는지도 설명해주었다.

"독도 문제를 우리나라는 역사 문제로 인식하고, 일본은 단순한 영토 문제로 바라봅니다. 그래서 일본인들은 이 문제를 국제사법재판소로 가져가야 자신들에게 유리한 결론을 얻을 수 있다고 생각하고 있습니다."

저녁식사를 마무리할 무렵, 내 이야기를 진지하게 경청해준 일본 국회의원 부부의 말은 충격적이었다.

"오늘 몰랐던 한일 관계와 역사에 대해 알게 되었습니다. 한국을 조금 더 깊이 이해할 수 있게 되었습니다. 한국의 역사뿐만 아니라 일본의 역사에 대한 이야기를 들으니 제대로 된 역사를 배우지 못한 게 부끄럽습니다. 앞으로도 계속 배워야겠습니다."

안타깝게도 올해 40대 중반이며 3선 국회의원인 그의 역사 지식은 일본인의 보편적인 수준일 것이다. 일본에서 아이 둘을 초등학교에 입학시켜 대학까지 졸업시킨 나는 그간 일본 학생들이 어떤 교과서로 공부해왔는지 직접 볼 수 있었다. 침략의 역사는 물론, 패전의 역사조차도 제대로 가르치지 않고 있다. 전쟁에 대한 책임의식을 느낄 수 없는 애매한 표현으로 한두 구절 적혀 있지만, 그나마도 이 부분을 배우는 시기가 학기 말 즈음이라 적당히 넘어가곤 한다. 치밀한 악의인지는 모르나 단순한 이유일 수도 있다.

"

말 한마디로 강동 6주를 돌려받았다는 고려
의 외교가 서희처럼 외교에 몸담고 계시는 분

들은 해당 국가의 문화와 관습은 물론 역사를 꿰차고 있어야 하고, 언어도 현지인 이상으로 구사할 능력이 있어야 할 것이다.

06

위험을
과대평가
하지 마라

일본의 자위대는 언제 창설되었고 그 이유는 무엇일까? 일본인은 호전적인 민족이다. 전국시대를 지나 일본 내에 통일이 이루지자, 자위대는 전선을 외국으로 확대하여 임진왜란과 정유재란을 일으킨다.

조선 침략을 이끌었던 도요토미 히데요시의 죽음으로 도쿠가와 이에야스의 막부가 들어선 이후 일본은 잠시 평화정책을 시행하지만, 메이지유신 이후 구한말에 이르러 일본은 또다시 본성을 감추지 못하고 침략한다.

그리고 그것도 모자라 중국, 러시아와도 전쟁을 벌이고 동남아시아로 전선을 확대하다가 결국 미국과 마찰을 일으켜 하와이

기습 공격까지 벌이지만, 제2차 세계대전에서 일본은 완전히 패하게 된다.

하지만 미군정하에서도 호시탐탐 재군비를 노리던 일본은 미국으로부터 독립하자 스스로를 방어한다는 명목으로 군대가 아닌 군대 즉 자위대를 만들어 슬그머니 군비 확장을 꾀해왔다. 그 과정에서 자위대를 방위청으로, 또 방위청을 방위성으로 격상시키며 실질적이고 강력한 군대를 보유하게 된다. 또한 아베 신조 내각은 이것으로 만족하지 못하고 집단적 자위권이라는 문구를 확대 해석하여 언제든 미군과 함께 해외에서 전쟁을 수행할 수 있도록 법적 정비를 마쳤다. 일본국 헌법 9조에는 다음과 같은 내용이 있다.

일본 국민은 정의와 질서를 기조로 하는 국제 평화를 성실하게 희구하고, 국권의 발동에 따른 국제 분쟁을 해결하는 수단으로써 전쟁과 무력에 의한 위협 또는 무력 행사를 영구히 포기한다.
전 항의 목적에 달성하기 위하여 육군, 해군, 공군 기타 전력은 보유하지 않으며 유지하지 않는다. 나라의 교전권은 인정하지만 육군, 해군, 공군 기타 전력에 의한 해결은 인정하지 않는다.

이 헌법은 제2차 세계대전 이후 미군정이 초안을 작성하고 일본 천황이 승인해서 만들어진 평화헌법의 일부이다. 전쟁 후 미국은 일본이 다시는 전쟁을 일으키지 못하도록 군대 보유를 허락하지 않았다. 따라서 당시 일본 내 치안 유지는 미군이 담당을 했었다.

그러다가 6·25전쟁이 발발하여 주일미군을 한국으로 보내야 했던 맥아더 사령관은 1950년 8월에 일본 총리인 요시다 시게루에게 일본 내 치안을 유지할 경찰예비대를 만들라고 한다. 일본은 1951년 대일강화조약과 미일안보조약을 맺고, 1952년 4월 28일 미군정으로부터 독립하여 국가주권을 회복하면서 국제사회의 일원으로 복귀하게 된다.

그러나 자국의 방위는 미일안보조약에 의해 미군이 계속 주둔하기로 하고, 일본이 침략당할 시 미군이 일본을 방위하기로 한다. 그 후 경찰예비대와 해상경비대를 통합한 보안청을 설치하지만 이는 어디까지나 국내 치안 유지가 목적이었다.

1953년 5월, 미국이 일본에 대해 상호안전보장법에 기초한 군사와 경제 원조, 기술 원조를 고려하고 있다는 의사를 표명하자 일본 정부는 이를 받아들이기로 하였다. 미국은 일본이 자체 방위능력을 보유할 것을 전제조건으로 걸었고, 이에 요시다 총리는 보안청법을 개정하여 자위대를 창설한다. 자위대의 의무는 외국으로부터 직접 침략에 방위를 하는 것이었다.

일본 내 우익들은 여전히 호전적이며 전쟁할 권리를 갖기 위해 호시탐탐 기회를 노리고 있지만, 여전히 일본은 미국의 영향력 아래에 있다. 오늘날 일본의 변모는 일본 독자적 의사가 아닌 미국의 의도를 바탕으로 재무장하고 있다는 사실을 기억해야 한다.

2018년 가을, 일본 국회를 떠들썩하게 했던 일이 있었다. 제1야당인 입헌민주당에서 남수단에 파병을 나갔던 일본 평화유지군(자위대) 관계자에게 당시 작성했던 일일보고서 제출을 요청했다. 자위대 내부문서 중에 남수단에 파병된 일본군이 교전을 했다는 내용이 기록되어 있다는 제보를 입수한 것이다. 일본군이 교전을 했다는 사실이 확인되면 일본국 헌법 9조의 '교전권 포기'에 위배되는 것이다.

일본 국회가 평화유지군(자위대)의 해외파병을 승인한 것은 전투를 수행하지 않고 평화 유지 활동에 국한하고, 교전이 발생하는 분쟁지역에는 파견하지 않겠다는 것을 전제로 한 것이었다.

당시 방위대신 이나다 도모미가 자위대 관련 보고서 제출을 지시하지만 자위대 측은 보고서가 폐기되어 존재하지 않는다고 답했다. 국회에서 자료를 요구해도 없다고 버티면 방법이 없다. 그런데 최근 당해 보고서가 발견되었고 전투 사실이 기록되어 있었다는 사실이 확인되어 문제가 되었다. 이 사건은 일부 책임자가 처벌받는 것으로 마무리되었다.

이렇듯 일본은 대외적으로 선제공격은 할 수 없다는 것이 지금까지의 중론이었다. 그런데 일본의 우익은 여기에 함정이 있다고 주장한다.

'일본국 혹은 일본군이 선제 공격을 받아야만 반격할 권리가 생긴다는 법'이 있지만 일본이 공격당할 현저한 징후가 보이는 경우 선제 공격을 할 수 있다.

여기서 '현저한 징후'에 관한 해석을 누가, 어떤 기준으로 하는지가 명확하지 않기 때문에 법적 공방은 지금도 이어지고 있다.

우리나라의 보수세력들은 늘 북한과 일본의 위협을 거론한다. 하지만 정말 우리의 국방력이 그렇게 미약한지 다시 한 번 되돌아보면 좋겠다. 일본의 군비능력을 과대평가하여 벌어질 불필요한 논쟁은 접어야 할 것이다. 일본은 미국의 동의 없이 한국을 침략하는 것이 불가능하다.

또한 일본의 방위예산의 총액을 두고 일본이 군비 재무장을 위해 막대한 투자를 하고 있다고 국민들에게 불안을 조장하기 전에, 월급이라고도 할 수 없는 용돈 수준의 급여를 받는 사병이 전체 병력의 대부분을 차지하는 우리나라와는 다르게 일본의 방위예산의 대부분이 직업군인인 자위대의 급여에 충당되고 있다는 사실도 놓치지 말아야 한다.

가상의 적에 대한 과소평가는 금물이지만 과대평가 역시 금물이다. 물론 그러한 논쟁을 벌이기 전에 일본이 한국을 침공한다면 이에 대한 자체적인 방어능력을 갖추어야 함은 말할 나위도 없다.

07

과유
불급

2017년 도쿄에 폭설이 왔다. 일본에서 생활한지 30년 가까이 되지만 이렇게 많은 눈이 내린 것은 처음이었다. 저녁 7시에 퇴근길에 나섰지만 전철이 제대로 운행되지 않아, 평소 35분이면 갈 수 있는 거리를 3시간 동안 전철 안에 갇혀 있었다. 폭설로 인해 전철역 안으로 사람들이 들이닥치자 급기야 역 입구를 봉쇄하는 소동까지 벌어졌다.

그런데 아무리 생각해도 이해가지 않는 부분이 있었다. 도로를 달리는 버스나 비행기가 폭설로 지연된다는 것은 당연하지만, 겨우 20cm 내린 눈 때문에 전철이 이렇게 영향을 받는다는 것이 납득되지 않았다. 정말 불가사의한 것은 승객들 그 누구도 한마디 불평을 털어놓지 않았다. 전철이 언제 올지 몰라서 하염없이 줄을 서서 기다리는 사람이나, 좁은 전철 안에서 숨죽이고 서 있는 사람들이나 모두 마찬가지였다. 전철이 그렇게까지 연착되었던 이유는 눈길이라 서행운전을 했기 때문이었다.

일본인들에게 이 일에 대해 물었다.

"철도회사 측의 대응에 불만 없으세요?"

"불만이 많죠."

"그런데 왜 아무도 항의하지 않나요?"

"남들도 안 하는데 혼자 나서서 그런 얘기를 할 수는 없어요."

일본에는 '튀어나온 못은 망치질을 당한다'는 말이 있다. 남들과 다른 말과 행동은 하지 말라는 의미이다. 그래서 잘못된 정책이 있어도 뒤에서 불만만 터뜨리고 앞에서 드러내지 않아 악순환이 계속되고 있다. 마찬가지로 반복되는 전철 지연은 승객들이 문제 제기를 하면 개선될 수 있지만, 그 누구도 나서지 않으므로 나아지지 않는다.

한편 우리나라의 상황을 생각해보자. 아마 우리나라에서 비슷한 문제가 생기면 당장 열차 지연에 따른 책임을 지라며 농성을 하거나 책임자의 공식적인 사과를 요구할 것이다. 어떠한 사안이 생기면 낭랑하게 자기 주장을 하는 것은 당연한 일이지만 가끔은 너무 심하다는 생각도 할 때가 있다. 과유불급過猶不及이라는 말처럼 일본은 한국과는 정반대의 문제를 안고 있다.

08

세계에서 가장 완고한 남자

　오노다 히로 소위는 태평양전쟁 당시 필리핀 루팡섬에 파견된 대일본제국 육군정보 장교였다. 일본군은 미군에 항복을 결정하고 필리핀 전선에서 철수하게 되는데, 본대와 연락이 끊어진 오노다 소위는 그 사실을 알지 못한 채 동료들과 밀림에서 계속해서 유격전을 벌이게 된다. 동료들은 모두 죽고 가까스로 혼자 살아남았지만, 일본 정부는 남은 군인들이 모두 전사한 것으로 판단하고 가족들에게 전사통지서를 보낸다.

　오노다 소위는 주어진 임무를 수행해야 한다는 일념으로 밀림에 잠복하면서 필리핀에 주둔한 미군을 상대로 게릴라전을 벌이며 살아간다. 미군은 밀림에 일본군으로 추정되는 사람이 숨어 살고 있다는 사실을 일본 정부에 통보하게 되고, 이에 일본 정부는 오노다 소위의 생존 사실을 직접 확인하기 위해 당시 오노다 소위와 함께 임무 수행을 한 적이 있었던 스즈키라는 동료 군인을 파견한다.

오노다 소위는 스즈키에게 전쟁이 끝난 사실을 전해 듣고 귀국을 권유받지만, 직속상관의 본대 복귀 명령이 없으면 절대 귀국할 수 없다고 거절한다. 이에 일본 정부는 당시 상관이었던 타니구치 요시미 전 육군 소령 편에 전쟁 당시 직속사령관이었던 야마시타 도모유키 육군 대장의 명의로 임무 해제 · 귀국 명령을 내렸고, 1974년 즉 종전 후 29년만에 일본으로 귀환해서 전역했다.

필리핀에서 패전을 맞을 즈음 오노다 소위는 직속상관인 요코야마 시즈오 육군중장으로부터 "전황이 불리해도 절대 자살하지 마라. 3년이든 5년든 버티면 반드시 데리러 온다. 그때까지 군인 한 명이라도 남아 있다면 초근목피를 해서라도 최선을 다해 달라"는 명령을 받았다고 한다. 또한 오노다 소위의 모친은 전장으로 나가는 아들에게 단도를 주면서 적의 포로가 될 우려가 있을 때는 항복하지 말고 단도를 사용하여 훌륭한 마지막을 맞이하라 했고, 오노다 소위는 후일 일본으로 돌아와 모친에게 단도를 다시 드렸다는 이야기가 전해진다.

오노다 소위는 종전 후 29년간 필리핀에 머물면서 주둔 중인 미군을 30명 이상 살상한 것으로 알려졌다. 그는 정찰 활동 중에 손에 넣은 트랜지스터 라디오를 개조해 단파수신기를 만들고, 미군기지 창고에서 훔친 금속와이어로 안테나를 만들어 세계 정세 소식을 들으며 일본군의 재진입을 기다렸다고 한다.

그는 단파수신기를 통해 도쿄올림픽 개최나 신칸센의 개통 등의 뉴스를 접해 일본이 발전하고 있다는 사실은 알고 있었으나, 당시 일본은 미국의 꼭두각시 정권이며, 만주국에 대일본제국의 망명정권이 있다고 생각했다.

오노다 소위의 이야기를 들으며 오늘을 살아가는 일본인의 완고한 사고방식을 다시 한 번 돌아보게 된다.

수년 전 일본의 한 TV 프로그램에서 한국과 일본의 역사전문가들이 한일 간의 역사 인식 문제에 대해 토론한 적이 있다. 아니나 다를까 한국 측에서는 일본 정부가 과거의 침략 행위를 인정하지 않고 사과도 하지 않아서 문제가 여기까지 왔다고 목소리를 높였다. 그러자 외무성 국장 출신인 일본인 패널 타나카 히토시 씨가 이렇게 되받아쳤다.

"일본 정부는 공식적으로 사과를 했지만 한국 정부는 늘 사과를 하지 않았다고 사과하라고 강요합니다. 언제까지 사과를 계속해야 하는 겁니까?"

"지금까지 일본 정부의 사과는 진정성이 없었습니다."

참고로 사과의 진정성 여부는 차치하더라도, 여러 명의 일본국 총리대신이 직접 사과하고 특히 위안부 할머니들께는 사과편지도 보낸 적이 있다.

한국인 패널이 말을 이어나갔다.

"일본 정부가 사과를 해도 그 직후에 일본 정치인이 그 사과는 잘못된 것이라든지, 일본이 조선을 수탈만 한 것이 아니라 철도도 놓아주고 도로도 건설해주고 공장도 지어 준 것이라는 등의 망언을 내뱉었습니다. 우리 입장에서 그 사과들이 진심으로 보이겠습니까?"

"잘못된 사과라고 말을 했던 사람이 유력한 정치가일지는 모르나, 일본의 국회의원 중 하나일뿐 정부를 대표하는 사람이 아닙니다. 그 사람이 그렇게 말했다고 해서 일본을 대표하는 총리대신의 사과가 취소될 수 있는 것은 아니지 않습니까?"

곰곰이 생각해보면 타나카 씨의 말도 일리가 없지는 않다. 그러나 그 말이 논리적으로 맞을지는 몰라도 순순히 받아들이기는 쉽지 않다.

해방된 지 벌써 70여 년의 세월이 흘렀다. 전쟁에 책임이 있는 자들은 이미 이 세상 사람들이 아니고, 그들은 후손들에게 정확한 사실을 알려주기는커녕 증거가 될 만한 자료 등을 없애버렸다. 단재 신채호 선생은 '역사를 잊은 민족은 미래가 없다'는 말을 남겼다. 일본은 본래 불편한 과거를 지우고 살아가는 민족인 듯하다. 그들에게 밝은 미래가 보장되지 않는다면 그것은 오롯이 그들의 몫이리라.

다만 우리가 원하는 사과를 받아 내기 위해 어떤 노력을 해야 할까? 과거를 인정하지 않는 이들에게 핏대를 올리고 목소리를 높인다고 이들이 사과를 할지 의문이 든다.

그 답을 명확히 제시할 수는 없지만, 한 가지 분명한 것은 후손들에게 더이상 과거의 불행했던 역사에 대한 증오를 물려주는 일은 안 된다는 점이다. 또한 과거의 어두운 역사를 모르는 대다수의 일본인들이 한국에 대해서 언제까지 사과해야 하는가라는 부정적인 사고를 가지고 있는 것도 현실이다. 본인들이 '태어나기도 전에 벌어진 일에 대해서 언제까지 책임지라는 말인가!'라는 외침을 외면하는 것도 어렵다.

필자가 각계각층의 일본인들과 2박 3일간 한국을 방문하여 한국의 정보화된 모습을 견학하는 프로그램을 운영하면서 놀랐던 것은 5000명 이상의 참가자 중에 약 70%가 '처음 한국을 방문한다'는 사실이었다.

일본을 방문하는 관광객 1위가 한국인이지만, 한국을 방문하는 관광객 중 일본인의 비중은 그리 높지 않다는 사실을 새삼 깨달았다. 우리는 일본에 관심이 많아서 자주 방문하기도 하고 많은 것들을 배우기도 했지만, 일본인들에게 우리는 그리 깊은 관심의 대상이 아니라는 사실이 조금 서운하긴 하나 냉정히 생각해보면 그게 현실일지도 모른다.

한국에 온 일본인들에게는 부담스럽겠지만 일제강점기 이야기나 독도 문제와 위안부 문제 등에 대해 어떠한 일들이 있었고 한국인은 그 문제를 어떻게 생각하는지, 일본에게 요구사항은 무엇인지 정확하게 설명하려고 노력했다.

지금까지 함께 한국을 방문했던 인사들은 일본의 국무대신(한국의 장관)급 인사와 정치가, 교육자, 의료인, 기업가 등인데 그간 필자의 설명에 정면으로 반박한 사람은 없었다. 물론 약간 다른 의견을 가진 사람들도 있었지만, 과거 한일 간에 무슨 일이 있었는지 한국인이 이런 문제 해결에 대해 어떻게 생각하는지 처음 들어보았다는 사람들이 대부분이었고 자세한 설명을 듣고 나서는 적극적으로 이해를 표하는 사람이 적지 않았다.

그 과정에서 우리는 서로 너무 모르면서 잘 아는 것처럼 상대를 대해왔다는 사실을 다시 깨닫는다. 일본에서 생활한지 30여 년이 되었지만 점점 더 내가 모르는 것이 많다는 생각을 갖게 되었다.

"

서로 간에 역사를 정확히 알고도 정치적 입장 때문에 다투었다면 해결책을 찾기 어렵겠지만, 몰라서 그랬다면 일말의 희망은 있는 것 아닌가라는 생각이 든다. 상대방을 비상식적인 사람 혹은 나쁜 사람으로 낙인을 찍고 대화를 시작하면 제대로 대화가 풀릴 리가 없다. 하물며 나라가 다르고 처한 입장이 다르다면 더욱더 그렇다. 오노다 소위처럼 상상을 초월할 만큼 고지식할지도 모르는 이들과 우리는 대화를 통해 과거사 문제를 극복해 나가야 한다.

친고교 잎에서 인급한 일본 총리의 사과편지글 소개한니. 이 내용과 그들의 후속조치가 우리들 기준에 합당한지 아닌지는 차치해 두고 이런 편지가 있었다는 사실은 알고 있어야 할 것 같다. 고이즈미 준이치로 총리 이외에도 3명의 총리가 사과편지를 보낸 적이 있다.

元慰安婦の方々に対する 小泉内閣総理大臣の手紙

拝啓

　このたび、政府と国民が協力して進めている「女性のためのアジア平和国民基金」を通じ、元従軍慰安婦の方々へのわが国の国民的な償いが行われるに際し、私の気持ちを表明させていただきます。

　いわゆる従軍慰安婦問題は、当時の軍の関与の下に、多数の女性の名誉と尊厳を深く傷つけた問題でございました。私は、日本国の内閣総理大臣として改めて、いわゆる従軍慰安婦として数多の苦痛を経験され、心身にわたり癒しがたい傷を負われたすべての方々に対し、心からおわびと反省の気持ちを申し上げます。

　我々は、過去の重みからも未来への責任からも逃げるわけにはまいりません。わが国としては、道義的な責任を痛感しつつ、おわびと反省の気持ちを踏まえ、過去の歴史を直視し、正しくこれを後世に伝えるとともに、いわれなき暴力など女性の名誉と尊厳に関わる諸問題にも積極的に取り組んでいかなければならないと考えております。

　末筆ながら、皆様方のこれからの人生が安らかなものとなりますよう、心からお祈りしております。

敬具

平成13（2001）年

日本国内閣総理大臣　小泉純一郎

위안부 관련 일본 총리의 사과 편지　　　　　　　　출처 : 의무성 홈페이지

위안부 여러분

이번에 정부와 국민이 협력해서 추진하고 있는 여성을 위한 아시아평화기금을 통해 종군위안부 여러분께 우리나라의 국민적 보상이 이루어지는 것에 대한 제 심경을 표명드리고자 합니다.

이른바 종군위안부 문제는 당시 군의 관여하에 다수의 여성의 명예와 존엄에 깊은 상처를 남긴 문제였습니다. 저는 일본국의 내각총리대신으로서 다시 한 번 말할 수 없는 고통을 경험하시고 몸과 마음에 씻을 수 없는 상처를 입은 모든 분들께 진심으로 사죄와 반성의 마음을 올립니다.

우리들은 과거의 무거움으로부터 미래의 책임으로부터 도망칠 수는 없습니다. 우리나라로서는 도의적 책임을 통감하면서 사죄와 반성의 마음을 바탕으로 과거의 역사를 직시하고, 올바르게 이러한 사실을 후세에 전함과 동시에 무고한 폭력으로 명예와 존엄에 관한 제반 문제에도 적극적으로 참여하여 해결해 나가지 않으면 안 된다고 생각합니다.

부족한 글이지만 여러분의 여생이 평안하시도록 진심으로 기도하겠습니다.

2001년

일본 내각총리대신 고이즈미 준이치로

09

줄을
잘 서라

미국의 대선을 일주일 정도 남겨놓고 아베 총리가 미국으로 출국했다. 미국 언론을 포함한 세계 언론들이 힐러리 클린턴의 당선이 유력하다고 보도하는 가운데 일본의 외무성도 힐러리 클린턴이 당선될 거라는 보고를 하자 남들보다 하루라도 먼저 가서 축하를 해주려는 의도였다.

미국을 방문한 아베 총리는 막바지 선거유세에 한창인 힐러리 후보를 찾아가 건투를 빌며 한발 앞선 당선 축하인사를 건넸을 것이다. 당시 일본 경제산업성은 트럼프 후보도 유력하니 아베 총리에게 트럼프도 만나볼 것을 권유했지만 아베 총리는 이를 거절하고 귀국길에 올랐다고 한다.

아뿔싸! 그러나 결과는 정반대였다. 아베 총리가 힐러리 후보만 만나고 돌아간 것에 대해 트럼프 후보는 무척 불쾌했을 것이다. 대선 결과가 발표되자 당황한 아베 총리는 긴급하게 미국 정계의 온갖 채널을 총동원하여 골프를 좋아한다는 트럼프 당선자가 좋아할 만한 금빛 찬란한 드라이버를 들고 또다시 미국을 방문하게 된다.

그날 이후로 아베 총리는 트럼프 대통령에 대한 마음의 빚을 갚느라 그런지 파격적인 양보를 거듭하며 그의 마음을 사는데 총력을 기울이고 있다. 얼마 전에는 일본의 국기로 스모경기장에 초대하여 온갖 황제의전을 제공하고, 유래가 없었던 트럼프배杯를 만들어서 스모 선수에게 수여하는 행사까지 마련했다. 일본에는 '長いものに巻かれろ'라는 말이 있다.

○ **長いものに巻かれろ**
> 직역하면 '길이가 긴 쪽에 감겨라'인데, 의역하면 '힘이 센 쪽이 어디인지 눈치를 보다가 그쪽으로 붙어라'는 뜻이다.

우리 정서로는 도무지 이해가 가지 않는다. 의리도 지조도 신념도 없이 무조건 승자쪽에 붙으란 말인가. 그러나 일본인들은 신념이나 지조보다는 이익이 되는 일이면 그런 것들은 한순간에 내던질 정도로 지독하게 현실적이다.

일본 전국시대에 각 지역의 쇼군들이 가신들을 이끌고 전쟁에 나가면 패한 쪽의 쇼군과 가족들은 목숨을 잃거나 노예로 신분이 격하되어 부하장수들에게 주어졌다. 그러나 패한 쪽의 부하들은 모두 승리한 쪽의 가신으로 편입되어 새로운 쇼군을 섬기며 살았다고 한다. 우리나라였으면 불사이군不事二君이라 해서 대부분 목숨을 끊거나 낙향을 하고, 승리한 쇼군 밑에 들어간 사람들을 배신자라 욕했을 것이다.

또 하나의 예를 들면 태평양전쟁이 끝날 무렵 일본은 매일같이 이어지는 미군의 공습에 전국토가 불바다가 되었고, 히로시마 나가사키에 떨어진 원자폭탄으로 수많은 사람들이 목숨을 잃기도 했다. 당시 일본을 이끌던 제국주의 군부세력과 정치가들의 그릇된 판단은 대가를 치러야 마땅하지만, 힘없는 백성들은 정부의 방침에 따를 수밖에 없는 상황이었으니 일본군도 미군도 미웠을 것이다.

그런데 놀랍게도 더글러스 맥아더가 일본에 점령군 사령관이 되고 나서 폐허로 변한 일본의 재건을 시작하자 일본 내에서 맥아더 추앙운동이 일어났다. 점령군 사령부 앞에는 늘 '맥아더 원수님, 존경합니다!'라는 피켓을 든 사람들이 진을 치고 있었고, 후일 맥아더 사령관이 미국 대통령 선거에 출마한다는 이야기가 퍼지자 전국적으로 기원제가 열렸다고 한다. 하지만 그 꿈이 좌절되자 전 국민이 땅을 치고 통곡했다는 이야기까지 있으니 도무지 우리 정서로는 이해할 수 없는 민족이다.

이들의 방식이 우리의 정서에 비추어 볼 때 전혀 납득할 수는 없지만, 이러한 사고방식을 가지고 있는 이들에게 식민지 지배가 끝난 지 70여 년이 지난 지금까지 과거사 청산을 끈질기게 외치고 있는 우리의 모습 또한 이해하기 어려울 것이다.

10

계급사회를
인정하다

일본 정부가 2019년부터 실시하는 수능 과목 중에 영어를 토익, 토플과 같이 민간기업에서 실시하는 시험으로 치르게 한다는 계획을 발표했다. 이 제도가 도입되면 영어 과목은 1년에 한 번 치루는 시험으로 평가하는 아니라, 수차례 응시해서 그중 가장 높은 점수로 대학에 지원할 수 있게 된다.

제도의 취지는 좋지만, 민간기업에서 치루는 시험에 대한 비용이 상당히 비싸서 가정형편이 어려운 학생들은 여러 차례 시험을 볼 수 없으니 불공평하다는 여론이 높았다. 이러한 불만에 대하여 기자들로부터 질문을 받은 주무부처 하기우다 문부대신이 "수험생들에게 무조건 시험을 많이 보라는 이야기가 아니다. 각

자 가정환경을 고려하여 身の丈*에 맞게 시험을 보면 되는 것 아니냐"고 반론을 하여 국민으로부터 더 큰 공분을 샀다.

○ 身の丈

직역하면 '신장(키)'를 뜻하지만, 의역하면 '형편에 맞추다, 분수, 본인의 적성' 정도로 해석할 수 있다.

아베 총리의 최측근이며 한국에서도 극우정치가로 알려져 있는 하기우다 대신의 오만한 태도와 身の丈라는 단어가 '분수를 알라'는 뜻으로 해석되어 문제가 되었다.

이 발언과 아베 정권이 시험출제기관인 특정 민간기업들에게 특혜를 주려고 이러한 제도를 시행하는 것 아니냐는 의혹이 겹치면서 비난이 쏟아져도 하기우다 문부대신은 잘못한 것이 없다며 버티다가, 결국 해당 발언을 공식적으로 취소하고 대국민 사과를 했다. 또한 본격적인 제도 시행을 연기하는 사태로 이어졌다.

일국의 문부대신이라는 사람이 공공연하게 이러한 말을 했다는 것이 놀랍다. 이밖에 아소타로 재무부총리를 비롯한 많은 정치가들이 이처럼 차별적인 발언을 쏟아내도 크게 사회 문제로 이어지는 경우가 드문 것은 일본 특유의 정서 때문이다.

---

* 身の丈: '분수'라는 말로 간단하게 의역할 수 있지만, 원뜻의 다양한 뉘앙스를 살리고자 본문에 일본어를 그대로 사용했다.

한국에서 이런 발언을 했다면 어떤 일이 벌어졌을까? 일본도 한국 못지않게 빈부 격차가 심각하지만, 아베 총리를 비롯한 많은 정치가들이 권력을 세습해도 이에 대한 비판이 거세지 않다.

일본은 예로부터 '사농공상'이라는 계급이 존재해왔고 그것을 받아들이는 것이 사회적 분위기이기 때문에 각각의 계급에 속한 이들은 자신이 처한 상황에 대해 특별히 불만을 갖지 않고 본인의 身の丈에 어울리는 곳에서 묵묵하게 일하고 있는 듯이 보인다.

일본에서는 우리의 정서로 이해가 가지 않은 일들이 많이 벌어지고 있다. 예를 들어 일본 최고의 학부인 도쿄대학교를 졸업하고 유명 대기업에 근무 중인 사람이 부친의 가업을 물려받아야 된다고 직장을 그만두고 부친의 스싯집에 취직했다는 이야기는 일본에서 그리 놀라운 일이 아니다. 우리나라였다면, 부모님으로부터 "내가 너를 스시집에서 일하게 하려고 대학 보낸 줄 아느냐"는 말과 함께 엄청난 반대를 했을 것이다.

일본은 본인들의 '身の丈'에 대해 크게 의문시하지 않고 받아들인다. 남이 무얼 하든 비교하지 않고 각자의 자리에서 좋아하는 일에 최선을 다하는 모습을 볼 수 있다.

한편 우리는 '身の丈'을 순응하고 받아들이려고 하지 않는다. '기회는 평등하고 과정은 공정하며 결과는 정의로울 것'이라는 연설이 가슴에 훅 들어오는 것을 보면 역설적으로 이제껏 우리

사회가 그렇지 못했다는 것 아닐까.

부모님이 어려운 형편 속에서도 교육에 아낌없이 투자하는 것은 개천에서 용이 나는 것처럼 자신보다 자식들이 더 나은 삶을 살기를 바라기 때문이다. 그러나 학력 인플레이션으로 중소기업은 구인난으로 허덕이고, 많은 젊은이들이 취업난으로 좌절하고 있는 오늘날의 대한민국을 보면 '身の丈'에 대해 생각해볼 필요가 있다.

넉넉지 않은 가정에서 자녀들을 대학에 보내기 위해 얼마나 많은 돈을 교육비로 쏟아붓고 있는가? 공부를 강요당하는 자녀들은 과연 행복할까? 학과 선택을 할 때도 꿈이 아닌 점수에 맞추지 않는가?

막상 대학에 입학한다고 해도 값비싼 학비 때문에 부모는 허리띠를 졸라매고 학생은 아르바이트로 학업을 이어가지만 대학을 졸업한다고 고생 끝, 행복 시작이 아니다. 졸업할 때가 되면 본인이 희망하는 일을 찾기보다는 고소득이 보장되거나 안정적인 생활이 가능한 직장에만 목을 맨다. 그러나 모든 사람이 대기업 혹은 공무원이라는 똑같은 목표를 가지고 있으니 취업재수생들만 넘쳐나고 있는 것이 현실이다.

필자는 어려운 가정에서 태어나 고졸 학력으로 사회에 나와 온갖 어려움을 겪다가 일본에 자리를 잡고 45세에 일본의 대학원에 진학하여 석사과정을 수료하고, 50세에 박사학위를 취득한

민힉소이니. 또한 일본의 썽희시지난제의 교육청 낑꼬기획김스로 일본의 학교 교육에 참여하면서 객관적으로 한국과 일본의 교육 현실을 볼 수 있는 기회가 있었다.

한국과 비교해 보면 일본은 직업이나 학력으로 능력을 평가하는 분위기가 아니다. 또한 큰 부와 명예를 가졌어도 거들먹거리지도 않고, 보통 사람들이 이런 사람들을 대할 때 그다지 위축되지도 않는다. 최근 한국에서 벌어진 대기업 총수 일가의 갑질이나 일부 권력자들이 벌이는 추태는 일본 사회에서는 절대 있을 수 없는 일이다.

일본도 과거에는 한국처럼 자녀 교육에 올인하던 시절이 있었다. 그러나 그 부작용으로 아이들이 경쟁에 내몰리자 그 부담감을 이기지 못해 극단적인 선택을 하거나 엽기적인 범죄를 일으키는 등 사회적 문제로 대두되어 일본의 문부성은 유도리교육(수업시간을 파격적으로 줄이고 절대적 학습량을 줄인 정책)을 채택하여 지금에 이르렀다.

대부분의 일본 부모들은 한국처럼 엄청난 돈과 시간을 투자해서 아이들을 공부지옥으로 밀어넣지 않는다. 부모가 너무 교육에 무관심해서 오히려 걱정이 될 정도다. 대신 공부보다는 서클활동을 통해 사회성을 가르치는데 힘을 쏟고 있다.

21세기 4차 산업혁명의 바람이 거세게 불고 있다. 4차 산업혁명의 가장 핵심적인 경쟁력은 '최종 학력'이 아니라 '창의성'이다.

즉 정답을 고르는 것이 아니라, 왜 그것이 정답인지 고민할 줄 아는 능력이 더 중요한 것이다.

우리도 아이들을 무한 경쟁 속에 밀어 넣지 말고 함께 소중한 추억 만들기에 시간을 할애하여 아이의 정서를 풍부하게 만들고, 아이가 진정으로 좋아하는 일이 무엇인지 함께 찾는데 시간과 노력을 쏟으면 어떨까.

11

일본의
결혼식

　'호랑이를 잡으려면 호랑이 굴에 들어가라'는 말처럼 일본 진출을 위해 일본에서 거주를 시작한 필자는 아이들의 미래를 고려하여 공립 일본인 소학교에 입학을 시켰다. 가족과 함께 이주한 지 얼마 되지 않아, 당시 초등학교 4년생이었던 아들의 담임선생님이 결혼한다는 소식을 들었다. 일본어도 전혀 못하고 중증 장애로 몸이 불편한 아이를 돌보아 주시는 선생님께 미안하고 고맙기도 해서 결혼식에 참석하겠다고 연락을 드렸다.

　선생님은 부담스러워하며 안 오셔도 된다고 했지만 예의상 거절하시는 거라 생각하고 강력하게 참석 의사를 보이자 마지못해 허락하셨다. 결혼식을 며칠 앞두고 선생님으로부터 연락이 왔다.

몇 명이 오는지, 차를 가져오는지, 음식 중에 못 먹는 메뉴가 있는지 자세하게 묻는데, 역시 일본은 손님 대접을 확실하게 하기 위해 세심하게 준비하는구나 생각하며 그때그때 답을 해드렸다.

결혼식이 가까워지면서 걱정거리가 하나 생겼다. 축의금을 얼마나 해야 하는지 감이 잡히지 않았다. 많이 하면 오해받고 적게 하면 실례인지라 친한 일본 지인에게 축의금은 어느 정도가 적정한지 물었더니 나에게 되물었다.

"결혼식에 가족 4명이 모두 가신다고요? 선생님이 모두 오라고 하시던가요?"

"그럼요. 아이가 여러 모로 신세를 지고 있어서 가족 모두 가서 축하를 드리려고요."

"혹시 이전에 일본의 결혼식에 참석한 적 있으세요?"

"아니요, 이번이 처음입니다."

"서로 부담이 많이 되실 텐데요."

지인에게 무엇이 문제인지 물어보고 나서 고민에 빠졌다. 일본의 결혼식은 한국과는 달리 소수의 지인들만 초청하고, 호텔 내 예식장에서 결혼식을 하는데 보통 3시간 이상이 걸리고 참석자는 행사가 끝날 때까지 남아있어야 한다. 결혼식 피로연에서는 고급 요리가 제공되고, 하객에게 답례품이 제공되는데 최소 5~10만 원 사이가 대부분이다.

따라서 결혼식에 참석하려면 최소 1인당 30만 원 이상은 해야

도리고 50만 원 정도가 고통이라고 이야기하니, 1인 가족이면 무려 120~200만 원을 해야 신랑신부가 손해 보지 않는다는 것을 깨달았지만 후회해도 이미 때는 늦었다. 아무리 생각해도 우리 살림에 축의금으로 200만 원이나 내는 것은 무리가 있었다. 하지만 엎질러진 물이니 어쩔 수 없이 최소한의 금액인 120만 원을 축의금으로 준비하여 결혼식에 참석해 축하해드렸다.

한국에서 결혼식은 속전속결로 이루어지며, 최대한 많은 지인들에게 청첩장을 돌리는 것이 일반적이다. 하지만 일본에서는 결혼 문화 특성상 누군가를 초대하는 것은 상당히 부담스러운 일이라 주변에 떠들석하게 알리지 않고 조용히 결혼을 한다.

일본의 일류 호텔에는 거의 교회가 있고 동네마다 아름다운 교회가 있지만 대부분 교회처럼 지어놓은 예식장이다. 젊은 사람들은 기독교식 결혼식을 무척 선호한다.

하지만 기독교를 믿기 때문이 아니라, 단순히 드라마나 영화에서 본 기독교식 결혼식이 멋져 보이기 때문이라고 한다. 이런 가짜 교회에는 가짜 목사 즉, 결혼식 때 목사님 역할을 대신하는 주례전문가가 있을 뿐이다. 이들에게 주례전문 라이선스를 발행하는 협회도 있다고 하니 우리의 상식으로는 이해하기 힘든 부분이다. 기독교인도 아니지만 멋이 있다는 이유만으로 교회 같은 곳에서 주례전용 목사를 모시고 예식을 치루는 이들을 보면 참으로 편리한 사고방식을 가지고 산다는 생각이 든다.

한편 결혼식과 피로연은 모두 한 장소 혹은 인접한 장소에서 이루어지며 일반적으로 우리가 알고 있는 결혼식과 피로연으로 나뉜다. 하객들은 정해진 스타일의 예복을 입는데 남자는 검은 양복에 흰색 넥타이를 매고, 여자들은 대부분 기모노 혹은 파티복을 입고 참석한다.

일본 결혼식 축의금 봉투

교회가 아닌 일반 예식장에서 올리는 기독교식 결혼식

축의금은 결혼식 축의금용 봉투를 구입해서 넣어야 한다. 축의금 봉투는 내부봉투와 외부봉투로 나뉘어 내부봉투에 지폐를 싸서 넣고 봉투 접는 방법이 정해져 있다. 이렇듯 일본인들은 절차와 형식을 중시하기에 예법을 알고 참석해야만 실례가 되지 않는다.

남과 여 그리고 일본과 한국

올해로 결혼 30년이 넘었지만 10년 전까지만 해도 부부 간에 사소한 다툼이 많았다. 남녀 입장 차이도 있고, 살아온 환경이 다르기에 피할 수 없는 운명이 아닌가 싶다. 서로를 인정하고 상대가 나에게 맞추어주기를 기대하기보다는 내가 맞추는 것이 행복의 비결이다.

많은 중년부부들의 이야기를 들어보면 사소한 이유로 말싸움을 하는 경우가 많다. 전문가의 말에 의하면 호르몬의 영향으로 나이가 들면 여성은 남성화가 되고 남성은 여성화가 된다고 한다. 한 중년부부의 부부싸움 이야기를 통해 '남과 여 그리고 일본과 한국'에 대해 생각해볼까 한다.

아침에 출근 준비를 하는 남편에게 아내가 결혼기념일이 얼마 남지 않았는데 영화라도 보러 가자고 했다. 남편은 일도 바쁜데 무슨 영화냐고 핀잔을 주면서도, 곰곰이 생각해보니 결혼 후 20년이 넘도록 일에 매달려 가족과의 시간도 많이 갖지 못했고 자녀교육을 포함한 집안의 대소사를 부인에게 모두 맡긴 터라 미안한 마음이 들었다고 한다.

며칠 후, 남편은 바쁜 일도 마무리되고 마음의 여유가 조금 생겨 아내에게 전화를 했다.

"여보, 오늘 저녁에 영화 보러 갑시다."

아내가 순간 망설이는 기색은 있었지만, 반가운 목소리로 그러자고 했다. 퇴근시간에 맞추어 회사 앞으로 온 아내와 함께 고객을 접대하는 근사한 레스토랑에 갔다. 평소에는 너무 비싸 엄두를 내지 못했지만 오늘은 특별한 날이니 가장 비싼 음식을 주문해 함께 식사를 했다. 그 후 영화를 보고 집으로 돌아오면서 뿌듯한 마음으로 아내를 보았는데 불만이 가득한 표정이었다.

"바쁜 시간 쪼개서 같이 영화도 보고 그랬는데 당신은 기분이 영 안 좋아 보이네."

"나를 위해서 뭘 했다고 생색이야?"

"영화 보고 싶다고 해서 영화 봤고, 맛있는 것도 먹고 했는데 그렇게 말하면 내가 섭섭하지."

"나를 위해서 시간을 냈다고? 나도 나름 계획이 있는데 느닷없이 전화해서 나오라고 하면 어떻게 해? 오랜만에 동창생들과 약속했는데 당신 때문에 못 나갔잖아요. 그리고 내가 언제 양식 좋아하는 거 봤어요? 모처럼 당신이 가자고 하니 가서 먹기는 했지만 당신은 내가 무슨 요리를 좋아하는지도 모르잖아요. 거기다가 내가 언제 액션영화 좋아하는 거 봤어요? 자기가 보고 싶은 영화 고르더니 영화관에서는 잠만 자고. 내가 다시는 같이 영화 보러 가자는 소리 안 할 테니 그리 아세요."

한바탕 쏟아낸 아내는 방으로 혼자 들어가 버렸다. 거실에 쓸쓸하게 남은 남편은 '내가 뭘 잘못한 거지? 어디서부터 잘못된 거지?' 하며 중얼거렸다.

《화성에서 온 남자 금성에서 온 여자》라는 스테디셀러 책 제목처럼 여자와 남자는 생각하는 방식이 다르다. 남자는 '목적'을, 여자는 '과정'을 중시한다고 알려져 있다. 아내가 '영화를 보러 가자'고 한 것은 '단순히 영화를 보고 싶다'는 것이 아니라, 언제 보러 갈 건지 어떤 영화를 볼 건지 함께 상의하자는 의중이 포함되어 있다. 그런데 남편은 영화를 보러 가는 시간도, 장르도, 식사 메뉴까지 어떠한 상의도 없이 혼자 모두 정해버렸고 이것이 화근이 되었다.

오래 산 부부 간에도 이처럼 생각의 차이로 다투는데, 한국과 일본 양국 사이에 관점이나 상식의 차이가 나는 것은 당연할 것이다. 우리는 일본이 과거사 문제를 인정하고 피해자분들께 진심으로 사죄를 하여 화해의 첫발을 내딛었으면 하지만, 그것이 힘든 일이라는 것을 새삼 깨닫게 된다.

과연 저들을 어떻게 설득해야 될까? 부부 간의 문제는 부부싸움도 하고 최악의 상황에는 이혼도 한다지만, 이웃나라 때문에 이사를 갈 수도 과거 문제를 계속 끌어안고 갈 수도 없다. 미국이 일본인들을 무난하게 통치하기 위해서 치밀한 연구를 했고 그 결과로 《국화와 칼》이라는 책이 출간되었듯이, 우리들의 뜻에 맞게 끌고 가기 위해서는 이들을 좀 더 깊이 연구해야 될 것이다. 결국 서로가 무슨 생각을 하는지 어떻게 사고하는지 서로를 아는 노력이 필요하다.

제3장

일본에 대해
알면서도
알지 못하는 것들

진짜
일본의
모습

日本
觀察

예의인지 진심인지 구별하는 방법

2013년 9월 7일 일본이 도쿄올림픽을 유치하기 위해 참가한 제125차 유엔 총회에서 도쿄올림픽 유치대사인 방송인 타키자와 크리스텔이 단상에 올라 IOC위원들에게 일본의 문화를 소개하면서 이 말이 세계적으로 퍼졌다. 이것은 일본을 표현하는 중요한 키워드가 되었다.

○ 오모테나시(お持って成し)

   정성 어린 접대 혹은 대응

'타인에게 정성을 다해서 대응한다'는 의미로 해석하면 된다.

일본에 여행을 가면 일본인들이 무척 친절하다는 인상을 받게 되는데 이러한 배경에는 '오모테나시'라는 문화가 자리 잡고 있다.

그런데 요즘 일본에서는 오모테나시 문화에 대해 거부감을 표출하는 사람들이 늘고 있다. 오모테나시가 진심으로 상대방을 배려하는 것이 아니라 '그래야만 한다'는 강박관념에 사로잡혀 연기를 하는 사람들이 늘어났기 때문이다. 마음에도 없는 말을 하면서 미소 짓는 것은 누구에게나 힘든 일이다.

일본에서는 하루에 몇 번이나 '스미마셍(죄송합니다, 실례합니다)'이라는 말을 하고 또 들어야 하는지 일일이 세기도 힘들 정도다. 버스에 타면 옆 사람에게 부딪치기도 전에 '스미마셍'이라고 말한다. 만원전철 안에서 몸을 돌릴 때도, 엘리베이터를 탈 때도 내릴 때도, 아침부터 밤까지 하루종일 '스미마셍'을 외쳐야 보통 사람이 되는 나라다.

도쿄올림픽 유치 운동이 절정에 이를 때 일본에서는 도쿄올림픽 유치를 반대하는 이들을 중심으로 '오모테나시' 문화를 비아냥거리는 의미로 '오모테무키'라는 말이 한동안 회자되었다. 오모테나시와 오모테무키 둘 다 다섯 글자이고 앞의 '오모테'까지 발음이 같지만, 두 단어의 뜻은 전혀 다르다.

○ 오모테무키(お表向き)

1. 공공연함, 공식상
2. (실제는 어떻든) 표면상

본래의 오모테나시는 참으로 아름다운 문화이다. 하지만 언제부터인가 인심이 팍팍해지면서 마음에서 우러나오는 오모테나시는 사라지고, 오모테무키(겉으로만)로만 오모테나시가 행해지게 된 것이 현재의 일본이 아닌가 싶다.

그래서 일본을 상대로 비즈니스를 할 때에도 상품 소개를 들은 이들이 오모테나시를 하는 것인지 오모테무키를 하는 것인지 진의를 파악하는 능력이 매우 중요한 영업스킬이다. 일본인들과 교류를 할 때 진심으로 마음을 열었는지, 오모테무키를 하는 것인지 구분할 수 있는 방법이 있다.

1. 상대가 개인 휴대폰번호를 알려준다.

일본인들은 대부분 휴대폰을 2대씩 가지고 다닌다. 하나는 회사에서 지급한 휴대폰이고 또 하나는 개인적인 휴대폰이다. 업무용 휴대폰은 근무시간 외에는 전원을 꺼놓고 받지 않는다. 따라서 개인 휴대폰번호를 알려준다면 그것은 어느 정도 마음을 열고 있다는 증거이기도 하다. 따라서 어느 정도 친해진 것 같으면 개인 휴대폰번호를 물어보는 것도 좋은 방법이다.

2. 가속 간의 교류가 이루어진다.

일본인들은 휴대폰을 2대씩 가지고 다닐 만큼 공과 사를 매우 엄격하게 구분한다. 따라서 가족을 소개한다는 것은 사적인 영역까지 교류의 장이 넓어짐을 의미한다. 어느 정도 가까워졌다고 생각하면 부부동반 식사자리를 만들어보라. 상대방이 응한다면 마음을 열었다는 표시다.

우리는 성급하게 마음을 열고 모든 것을 털어놓고는 상대도 똑같이 해주길 원한다. 하지만 그렇게 되지 않는다고 느낄 때 이중적이라며 화를 낼 것이 아니라 이들은 처음부터 마음을 열 생각이 없었을지도 모른다는 사실을 명심해야 한다.

한국인들에게 일본인의 이미지를 물어보면 친절한 느낌을 받는다는 이야기를 많이 듣는다. 일본인 중에도 진심으로 사람을 대하고 친절한 사람들이 많이 있는 것도 사실이다. 그러나 형식적으로 친절한 척 연기를 하는 사람들도 적지 않다는 사실을 알고 이들을 대할 필요가 있다. 그래서 서서히 가까워지는 것이 가장 좋다.

02

겉마음과
속마음의
비밀 1

일본을 여행하면 전국 방방곡곡 어느 곳이든 휘황찬란한 네온 사인을 내건 파친코를 쉽게 찾아볼 수 있다. 또 매일 새벽 파친코 앞에 줄 서서 문 열 때를 기다리는 사람들을 볼 수 있다. 소위 구슬이 잘 나오는 기계를 선점하기 위함이다.

파친코를 하려면 일정 금액을 지불하고 쇠구슬을 구입해야 한다. 파친코 게임기에 쇠구슬을 넣고 특정한 곳에 쇠구슬이 들어가면 많은 쇠구슬이 쏟아져 나오는데, 그것으로 금권(경품)이라는 것을 받아 파친코 주변에 있는 환전소에서 돈으로 바꾸는 방식의 영업을 한다. 분명히 일본은 법으로 도박을 금지하고 있는 나라인데, 어떻게 이런 일들이 공공연하게 벌어지고 있는 것일까? 이들의 논리는 이렇다.

파친코는 쇠구슬을 가지고 노는 오락실이고, 우연히 그 근처에 파친코
에서 주는 금권을 바꾸는 환전소가 있을 뿐이다.

우리말에 '눈 가리고 아웅 한다'는 말이 있다. 세상 사람들이
모두 파친코가 도박장임을 알고 있지만, 파친코를 도박장이라고
단속하지 않는 일본을 어떻게 이해해야 할까?

2007년 아이치현에 사는 치매환자가 보호자인 배우자가 방심
한 사이 집을 나와 전철로 한 정거장을 이동한 뒤 선로에서 배회
하다가 열차에 치여 사망한 사건이 있었다. 이 사고로 JR(일본의
철도기업)은 운행 스케줄에 막대한 차질이 생겼다며 사망자 가족
에게 약 4000만 원의 손해배상 청구소송을 했다.

한국의 2호선과 비슷한 야마노테선은 운임비가 가장 비싸다.
출퇴근시간 운행에 지장을 주면 JR에서는 통상적으로 원인 제공
자에게 20억 원 정도를 청구한다. 하지만 이번 사건에 대해 최고
재판소(한국의 대법원)에서는 사망자의 가족에게 그 책임이 없다는
판결을 내렸다. 재판 결과가 나오자 JR은 가족을 잃은 유족에게 손
해배상 청구를 하는 것이 마음에 걸리지만, 손해를 본 것은 사실이
기에 명확한 책임 소재를 가리기 위함이었다고 밝혔다.

한국의 상식으로 생각해보자. 유족 입장에서 생각해보면 가족이 치매에 걸려 배회하다가 열차에 치어 비명횡사했다는 사실만으로도 참담할 텐데, 손해배상 청구소송까지 당했다는 사실을 받아들이기 힘들었을 것이다. 하지만 일본에서는 당연한 일이다.

하루가 멀다 하고 열차에 몸을 던져 자살을 선택하는 사건이 벌어지는 일본에서는 철도회사가 사고 후에 사망자 가족에게 손해배상 청구를 하고, 가족이 이에 응하지 않으면 정식으로 소송을 건다.

하지만 재미있는 것은 소송에서 이겨도 사망자 가족이 자발적으로 배상비용을 지불하지 않는 한 강제적으로 손해배상금을 받아 내지 않는 것이 일반적이다. 결국 받을 의사도 없는 손해배상금을 위해 왜 소송을 하는지 우리 상식으로는 이해하기 힘들다.

철도회사는 사망자로 인한 운행손실비용을 청구했다는 명분을 얻고, 유족에게 그 비용을 받지는 않음으로써 결과적으로는 아무도 실질적 책임을 지지 않는 형태로 마무리짓는 것이다. 일본인들의 타테마에(겉마음)와 혼네(속마음)를 잘 알 수 있는 사례다.

03

겉마음과
속마음의
비밀 2

대한민국의 수도는 서울이다. 이성계가 개경에서 한양으로 천도한 이후 서울이 수도가 되었다. 그렇다면 일본의 수도는? 상식적으로 우리는 '도쿄'라고 알고 있다. 하지만 일부 일본인들은 아직도 '교토'를 정식 수도라고 생각한다.

일본 제122대 메이지 천황 이전까지는 수도가 '교토'였다. 그런데 메이지 천황이 잠시 '도쿄'에 출장을 왔다가 눌러앉게 되면서 오늘에 이르게 된 것이다. 공식적인 천도도 하지 않았으니 교토 사람들은 아직도 일본의 수도를 교토라고 한다. 일리가 있는 이야기이다. 교토에는 어소御所인 천황의 본가도 있다.

일본의 수도를 둘러싼 논쟁을 이해하기 위해서는 일본 근대사를 알아야 한다. 오다 노부나가, 도요토미 히데요시, 도쿠가와 이에야스 등 막부가 정치 권력을 쥐고 있었던 무렵, 천황가는 전혀 힘을 쓰지 못하고 있었다.

막부 > 천황

도쿠가와 이에야스가 에도(현재의 도쿄)에 막부를 개설하고 정치를 하던 시절, 사쓰마번(현재의 가고시마현)과 조슈번(현재의 야마구치현)의 영주들이 토사번(현재의 시코쿠 지방) 권력자의 중재로 정치적, 군사적인 동맹을 맺는데 이것이 바로 '삿초 동맹'이다.

이들은 에도막부의 강권통치에 반발하며 메이지 유신이라는 정치적 혁명을 일으킨다. 명분은 존왕양이尊王攘夷 즉, 천황을 숭상하고 외세를 배척하자는 것이었다. 그 일환으로 에도 막부가 천황에게 국가 통치권을 돌려주면서 왕정복고王政復古가 실현된다.

막부 < 천황

정치 권력이 회복된 후, 신정부(메이지 유신 후 수립된 정부) 인사들은 경제 부흥 등을 고려하여 수도를 교토에서 당시에 경제가 융성했던 오오사카로 옮기는 천도를 계획한다. 하지만 수도를 옮기려면 많은 투자가 필요했다. 당시 에도막부가 에도 지방에 다양한 인프라를 만들어놓는 상태였기 때문에 '서쪽엔 교토를, 동쪽엔 에도를 중심'으로 균형 발전을 이룩하자는 의견이 신정부 안에서 힘을 얻게 된다. 오늘날의 도쿄東京, 동경라는 지역명은 교토京都의 동쪽에 위치해 있어 유래된 이름이다.

1868년 메이지 천황 즉위 이후, 신정부 관계자들은 도쿄로 천도를 계획한다. 하지만 교토의 실력자들은 물론 신정부 내부에서조차 교토에서 도쿄로 천도하는 것에 대해 의견이 분분하고, 여론까지 악화되자 천황은 다시 교토로 돌아가게 된다.

잠시 시간을 두고 신정부 권력자들은 명분을 만들어 다시 한번 천황을 도쿄로 출장을 보낸다. 이후 조용히 수도 기능을 하나둘 도쿄로 옮기면서 천황의 도쿄 주재를 기정사실화해 버린다. 물론 공식적으로 수도를 옮긴 적이 없으니, 반대 세력들은 수도 이전을 반대할 명분이 없어졌다. 그렇게 오늘날에 이르게 된 것이다.

말장난 같아 보이지만, 일본에서는 '천도'라는 말을 두 가지 뜻으로 쓴다.

○ 奠都 수도를 정하는 것
○ 遷都 수도를 옮기는 것

아키히토 일본 천황이 식민지 지배에 대해 사과하면서 '통석의

염念'이라는 단어를 사용하여 논란이 된 적이 있었다. '통석痛惜'이 가해자로서 사과나 사죄의 뜻이 아닌, 제3자적 표현으로 슬픔이 커서 견딜 수 없는 마음을 뜻하기 때문이다. 이처럼 일본에서는 말 한마디, 단어 하나를 가지고도 복잡하게 생각하고 다르게 이해한다.

도쿄가 수도라는 것에 대해 세계 각국의 사람들과 심지어 대부분의 일본인들은 의심의 여지가 없지만, 일본 내에서는 공공연한 비밀이라는 이 이야기는 일본인의 타테마에(겉마음)와 혼네(속마음) 문화를 대변한다. 외교나 비즈니스 세계에서는 이보다도 더한 일들이 많이 있을 것이다. 그런 의미에서 일본어를 제대로 배우고 일본의 근대사를 배우는 것은 여러 가지 의미에서 무척 중요하다.

04

임팔
작전으로 보는
일본인의 사고방식

일본에서는 매년 8월 15일(일본에서는 종전기념일이라고 표현함)이 되면 태평양전쟁 때 일본 정부의 과오를 반성하며 되돌아본다. 올해도 일본의 공영방송 NHK에서 731부대의 만행과 임팔(인도의 지명) 작전을 통해 일본 정부가 얼마나 무책임했고 전쟁이 무모했는지, 그리고 결과가 얼마나 비참했는지를 알려주는 다큐멘터리가 방영되었다.

태평양전쟁 말기, 버마(미얀마 지명)를 침공하여 점령하고 있던 영국군과 전투를 벌여 가까스로 승리한 일본군은 버마와 국경을 맞대고 있는 인도에 침략하기 전 잠시 호흡을 가다듬는다.

당시 일본의 전황은 좋지 않아 반전이 필요했다. 총리였던 도

조 히데키는 육사 동기인 가와베 대장을 버마방면군 사령관으로 임명하고 임팔 점령을 명령한다. 이곳을 군사적 요충지로 활용하면 인도를 점령할 수 있다고 생각했던 것이다. 가와베 사령관은 중국의 노구교 사건(1937년 일본과 중국 군대가 노구교에서 충돌해 중일전쟁의 발단이 된 사건)을 일으킨 무타구치 중장을 제15군사령관으로 임명하고 임팔 침공을 지시한다. 버마 주둔지에서 임팔까지 가는 길은 험한 산악과 밀림 지대로 약 450km가 넘는 대장정이었고 커다란 강도 건너야 했다.

군수 참모들은 맹렬하게 반대를 하고 나섰다. 식량 사정이 좋지 않아 9만 명의 병력이 3주 정도밖에 버틸 수 없었고, 길이 험난하여 대포나 운송 수레 등은 분리해 짊어지고 가야 한다는 것 등이 주요 이유였다.

그럼에도 불구하고 당시 일본 정부는 비관적 견해를 내어놓은 지휘관들에게 군인 정신을 강조하며 강력하게 밀어붙였고, 끝까지 반대하는 지휘관들을 경질시키는 등의 공포분위기를 조성했다. 이렇게 결국 '죽음의 행진'이 시작되었다.

엎친 데 덮친 격으로, 당시 버마는 우기라 하늘에 구멍이라도 뚫린 듯 비가 시도 때도 없이 퍼부었다. 그 지역 주민들로부터 식량과 가축을 약탈해 강을 건너기 시작했지만, 늘어난 강물에 절반쯤은 속수무책으로 떠내려갔다.

험한 산길을 건너 3분의 2 정도 도달했을 때 3개월이나 소요

된 상태였다. 식량은 떨어진 지 오래였고, 배가 고픈 병사들은 닥치는 대로 약탈하지만 그럴 만한 민가도 없는 지역이라 더욱 곤경에 빠지게 된다. 지휘부에 식량 보급을 요청해도 미드웨이 해전에서의 참패로 불가능했고, 현재 전황을 보고하고 퇴각명령을 요청해도 오로지 전진만을 강요했다.

궁지에 몰린 병사들은 먹을 수 있는 것이라면 무엇이든 먹으며 버텼지만, 전염병인 말라리아와 홍역까지 돌게 된다. 때마침 막강한 화력을 보유한 영국군의 반격까지 더해지면서 일본군은 막대한 전력 손실을 입게 된다. 이를 계기로 지휘관들은 철수를 결심하지만 식량도 없이 부상자들을 이끌고 돌아가는 건 그리 쉬운 일이 아니었다. 부상당한 동료들을 그냥 버리고 갈 수 없다는 이유로 총살을 하기도 했고, 아사로 숨진 동료 병사를 나누어 먹기도 했다.

이 전쟁에서 일본군 16만 명이 전사했는데, 그중 15군단에서 참가한 9만 명의 병력 중 4만 명이 병사하고 5만 명이 아사했다고 전해진다. 그러나 후방에서 탁상공론만 하던 대본영의 지휘관들과 버마방면군 가와베 사령관, 15군단 무타구치 사령관은 무사히 도쿄로 귀환하고, 서로에게 책임을 떠넘기다가 결국 아무도 책임지지 않았다.

참으로 한심한 자들이다. 전쟁이 막바지에 들어 패전의 기운이 확실한데도 우리가 이길 수 있다며 전투기 조종하는 방법을 일주일 가르치고 편도분의 기름만 넣어준 채 조국을 위해 미군함에 돌격하라는 카미카제 특공대를 조직한 인간들이 무슨 책임을 질 수 있을까?

태평양전쟁에서 일본군인이 약 300만 명이 사망을 했는데 이때 전사자는 20% 정도에 불과하고 나머진 아사나 병사였다고 한다. 그러나 이를 책임진 정치가나 군인은 없었다. 결국 이들의 무책임한 전쟁 수행에 대해 책임을 추구한 것은 연합군 사령부였고, 일본의 지도자로서 전쟁 결과에 책임진 사람들은 손에 꼽을 만큼 적다. 그중에도 아베 총리의 외조부인 기시 노부스케 같은 자들은 전후에 사면 처리가 되어 일본의 총리대신까지 지냈다.

이후 더욱 있을 수 없는 일이 벌어졌다. 맥아더 장군은 전쟁에 대해 어떤 책임도 지지 않았던 군인과 정치가들에게 점령군 통치의 편의를 위해 다시 권력을 쥐어주었다. 그로 인해 주변국을 침략하고 일본을 패망의 길로 이끈 군국주의자와 제국주의자에 대한 처벌이 불가능해지면서 그들의 잘못을 청산할 기회를 잃게 되었다.

돌이켜보면 우리나라에서도 똑같은 일이 벌어졌다. 해방 후 맥아더 장군은 통치의 편리를 위해 친일파에게 권력을 쥐어주었다. 이로 인해 친일파를 청산하지 못하는 치명적인 역사적 과오를 남겼다.

"

위안부 문제나 강제 징용 문제가 나올 때마다 일본 정부는 왜 제대로 된 사과와 반성을 할 줄 모르는지 분노를 느끼는 분들이 많겠지만, 우리는 자국민들에게도 사과와 반성을 할 줄 모르는 '일본 정부'와 자국 정부에게 전쟁에 대한 책임과 사과를 요구할 줄 모르는 '일본 국민들'과 과거사를 논하고 있다는 현실을 직시해야 한다.

05

이중적인 책임의식

사건을 냉철하게 바라보는 책임의식

◆ ◆ ◆ ◆ ◆

일본에서는 자연재해나 예상치 못한 사고 등으로 열차가 지연되면 개표구에서 지연증명서를 나누어준다. 대중교통기관이 정상적으로 운행되지 않았음을 객관적으로 증명해 주는 것이다. 지연증명서에는 날짜와 시간이 나와 있어 얼마나 지연되었는지 알 수 있다. 이런 것에도 일본인의 꼼꼼함이 묻어난다.

한국에서 똑같은 일이 생겼

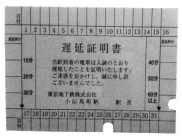

열차지연증명서

다고 ~~가정해보자~~. ~~내 증명서를 들고 신사에게 오늘 지각한 이유~~
를 설명하면 어떤 반응을 보일까?

○ 반응 1

그렇군요. 알겠습니다.

○ 반응 2

집에서 미리미리 나왔으면 이런 일이 안 생겼을 거 아니야!

본인은 평소처럼 집에서 나섰을 것이고, 전철이 정상적으로 운행되었다면 당연히 지각하지 않았을 것이다. 사고 때문에 늦어진 것이니, 결국 지각한 것은 내 탓이 아니라 지연된 전철 탓이다.

일본인들은 '책임'이라는 말에 무척이나 민감하다.

"누가 책임질 거야?"

"당신 책임이잖아!"

"모두가 제 책임입니다."

일본에서는 이런 말을 자주 듣는다.

2015년, 이슬람 국가에서 납치된 일본인 두 명이 처형당한 사건이 있었다. 그중 한 사람인 저널리스트 고토 겐지의 어머니가 TV에 출연했다.

"제 아들이 정부에서 가지 말라는 이슬람 국가에 가서 납치되고 그것이 국가적인 골칫거리가 된 것에 대해 어머니로서 책임을 통감합니다. 정말 죄송합니다."

이게 일본인들의 책임의식이다. 아베 총리는 이슬람 국가로부터 인질들의 몸값을 지불하지 않으면 처형하겠다는 말을 듣고도, 중동으로 건너가 이슬람 국가와 싸우는 나라에게 2억 달러를 원조하겠다는 큰소리를 치고 돌아온다. 참으로 대책 없는 수상이다.

하지만 고토 겐지의 어머니는 이에 대해 불평 한마디도 하지 않는다. 세상에 어느 부모가 제 자식이 귀하지 않겠는가. 하지만 무서우리만치 냉정하게 사태를 읽고 대응하는 모습에서 다시금 일본인의 책임의식이 느껴진다.

1998년 우리나라가 IMF 위기에 출렁일 무렵 일본에서도 수많은 증권사가 도산을 했다. 당시 야마이치 증권 사장은 기자회견에서 눈물을 흘리며 "우리 회사가 도산한 책임은 모두 저에게 있습니다. 우리 직원들은 아무런 책임이 없습니다"라고 말했다. 이 장면은 20년이 지난 지금까지도 머릿속에 생생하게 살아있다.

나라를 품 믹는 책임의식

♦♦♦♦♦

일본은 매년 50조 엔씩 재정 적자가 쌓여가는 데도 누구 하나 손을 대려고 하지 않는다. 정치가가 하는 일이야 어느 나라나 비슷하니 차치해 두고서라도, 일본의 거의 모든 금융기관에서는 아직도 코볼과 메인프레임을 사용한다.

코볼은 1960년경에 만들어진 사무용으로 설계된 영어와 같은 컴퓨터 프로그래밍 언어이고, 메인프레임은 범용기라고도 불리는데 코볼 시대를 풍미한 거대한 컴퓨터 본체이다. 일부 금융기관에서 사용하고 있으나, 고가이고 유지보수비도 많이 드는 데다가 최신 컴퓨터들보다 성능도 떨어져 2000년 IT혁명 이후 극히 특수한 사례 이외에는 사용하지 않는 추세이다.

일본은 제로금리 및 경기불황 등으로 인해 금융기관의 경영이 무척이나 어려운 상황이라 운영 경비를 줄이고 서비스를 개선하기 위해서라도 시스템 쇄신을 해야 하지만 아무도 다운사이징 downsizing 하려고 들지 않는다.

그래서 한국 기업이 일본에 수출하고자 하는 것들은 대부분 '비용 절감, 생산성과 고객 중심의 편리성 향상'에 초점이 맞추어져 있다. 한마디로 과거를 일신하고 혁신적인 발상으로 정치, 경제, 사회, 문화를 바꾸어 가는데 필요한 솔루션들이 많다. 하지만 일본에서는 이노베이션을 해야 한다고 말로는 떠들어도 행동으로 옮기는 사람은 보기 힘들다. 특히 기존 질서를 바꾸는 일에 매우 보수적이고 배타적이고 폐쇄적이다.

앞의 사례들을 바탕으로 일본에서 강연을 할 때마다 청중들은 한숨을 내쉬며 어쩌면 한마디 한마디가 일본의 병리현상을 정확히 짚어내느냐며 정말 대단한 혜안이라고들 했다. 처음엔 그 말을 곧이곧대로 믿고 뿌듯했다. 알고 보니 그게 아니었다. 내가 지적한 문제점은 모두가 다 알고 있는 흔하디 흔한 것이었고, 그런 이야기를 막상 입 밖으로 내뱉고 실천했을 때 자신에게 돌아오는 책임이 무서워 아무도 시작할 수 없었던 것이다.

IBM 부장으로 있는 일본인 친구와 한잔하면서 이와 관련된 이야기를 나눈 적이 있었다.

"앞으로도 계속 이런 식으로 흘러가면 수년 안에 일본이 망할 거 같아."

"나도 그렇게 생각해. 안타깝지. 하지만 일본은 망하지 않으면 변하지 않아."

"

그렇다. 일본은 변하지 않는다. 역사를 돌아봤을 때 지금까지 일본이 혁신할 수 있었던 것은 흑선이 나타나 일본의 개방을 요구하며 위협했던 시기에 절실한 위기감으로 이루어낸 '메이지 유신'과 국토가 초토화가 되었던 '태평양전쟁' 때 뿐이었다.

일본은 새로운 출발을 통해 비약적인 발전을 해왔다. 이렇듯 이들은 쉽게 변하지 않지만, 어느 순간 변할 수밖에 없는 환경이 오면 돌변할 것이다. 머지않을 그때가 오면 한국 기업에 커다란 찬스가 될 거라 기대한다.

06

합리적이든
불합리하든
정해진 대로

북한에서 미사일을 시험 발사했다는 뉴스가 전해진 후, 도쿄의 전철은 전 노선의 운행을 일시 중단했고, 각 학교에서는 북한이 일본을 향해 미사일을 발사했을 경우에 대비한 행동지침을 만들어 가정통신문으로 배부했다.

한국의 뉴스를 찾아보니 일본이 준비를 철저히 한다는 이야기보다는 호들갑을 떨고 있다는 투의 논조가 대부분이었다. 또한 아베 총리가 총리 부인을 둘러싼 스캔들 문제로 인기가 떨어지니까 한국의 보수들처럼 안보를 팔아서 인기를 유지하는데 이용한다는 이야기도 있었다. 물론 이해가 안 가는 바는 아니지만, 그게 다는 아닐 것이다. '두 사람이 길을 가면 반드시 둘 중에 한 사람은 스승이 될 수 있니'는 밑져럼 인민관리서 재해대책만큼은 일본에서 배울 것이 많다.

한 달에도 수차례 일어나는 지진과 수년 간격으로 일어나는 쓰나미 그리고 연중행사인 화산 분화에도 침착하고 질서 있게 행동하는 이들의 습관은 하루아침에 만들어진 것이 아니다. 일본에서는 어려서부터 성인이 될 때까지 자연재해 시 행동수칙을 철저히 배우고 몸에 익힌다. 동네에서는 자치회를 조직하여 방재훈련을 일상화하고 있다. 일본인 입장에서 생각해본다면 재해를 최소화하기 위해 만전에 대비하는 것은 어쩌면 당연한 것일지도 모른다.

한국을 생각해보자. '적당히 대충하면 된다'는 생각이 한국 제품 품질의 발목을 붙잡아 일본 제품의 품질을 뛰어넘지 못하게 하고, "괜찮아. 별일 있겠어?"라는 안일한 생각이 세월호 참사를 일으켰다.

IT 강국답게 스마트폰으로 만든 재해 관리 어플과 인터넷을 통해서 온갖 재해 관련 정보를 제공해준다고 정부는 이야기하지만, 정말 위기 상황에 닥쳤을 때 그러한 시스템들이 얼마나 도움이 될까라는 의문이 들 때가 많다. 아무리 기계를 만들고 시스템을 준비한다 하더라도 그러한 것들을 작동시키기 위한 트리거는 사람이지 기계가 아니기 때문이다.

얼마 전 서일본철도의 긴급정차가 화제가 되었다. 교토에서

나라로 가는 열차가 아침에 정차 역도 아닌 곳에서 30분씩이나 비상 정지를 하다가 운행을 재개했다. 수많은 사람들이 지각을 하는 등 피해를 입었고, 이로 인해 서일본철도 측은 긴급기자회견을 열었다.

"열차기관사가 며칠 전에 건강검진을 받아 결과가 아침에 나왔는데 청력이 관련 기준에 못 미치는 것으로 나왔습니다. 그래서 열차 운전을 즉시 중단했고, 다른 기관사가 투입되는 바람에 시간이 지체되었습니다. 운행에 차질을 드려서 정말 죄송합니다."

그 이유는 너무나도 황당했다. '청력이 기준에 못 미친다고 달리는 열차를 세웠어야 했나? 그럴 것 같으면 신체검사 결과가 나올 때까지 운행을 못하게 해야지'라는 생각이 들었다.

그렇다면 철도 측은 고객의 안전을 위해 이런 조치를 취했을까? 절대로 아니다. '만에 하나 사고라도 난다면 누가 책임질 건가?'라는 생각을 한 책임자가 면피하기 위해서 벌인 일임에 틀림없다. 일본인은 안전의식이 철저하다고 볼 수만은 없는 이유다. 다만 이러한 고지식함이 만에 하나의 사고를 막는다는 점은 배워야 한다.

"

일본 사회는 매뉴얼 사회다. 그것이 합리적이든 불합리적이든 정해진 대로 흘러가는 사회 말이다.

07

긍정적인
규칙의 반격

최근 일본에는 기업들의 제품 성능과 품질평가 위조가 드러나 사회 문제가 되고 있다. 사례를 찾아보면 도시바, 미쯔비시 메트리얼, 도레이, 닛산, 고베제강 등 일본을 대표하는 기업들이다.

그 이유는 무엇일까? 특히 2017년에 터진 도시바의 분식결산 사건은 잘못된 분식이라는 것을 내부 임직원이라면 누구라도 바로 알 수 있었던 문제라고 한다. 그럼에도 불구하고 사법 처리를 당한 사람이 한 명도 없었다. 경찰과 검찰에도 큰 문제가 있다고 본다.

또한 유압장비 제조업체인 KYB와 자회사가 지진대책용 면진 및 제진 장치의 검사데이터를 위조한 일이 있었다. 그들이 납품

힌 물품 중 국기 표준에 미달되거나, 고객의 요구사항에 적합하지 않다고 의심되는 장비가 1000여 건에 이른다고 한다. 이것들을 모두 교체한다 해도 2년 이상이 걸리므로 수시로 재해가 발생하는 일본에서 매우 큰 문제가 아닐 수 없다.

모두가 '좋은 게 좋은 것'이라는 사회 풍조에 젖어 있는 것 아닐까. 화합과 담합은 종이 한 장 차이다. 최근 일본 기업에 이러한 문제가 많이 생기는 배경과 이유에 대해 이토추상사 니와 우이치로 회장의 이야기는 귀담아들을 만하다.

니와 사장이 처음 취임했을 때 이토추상사는 1999년도 결산에서 약 4000억 엔의 특별손실을 계상하고 대대적인 경영 혁신을 했다. 그는 월급을 받지 않고, 회사 차량도 사용하지 않고 전철로 출근했다고 한다. 한 기자가 니와 사장에게 질문했다.

"일본 기업은 왜 자꾸 이런 문제들을 일으킬까요?"
"일본 기업은 긍정적 규칙으로 움직이고 있기 때문입니다."

긍정적 규칙으로 움직인다는 것은 무슨 뜻인가? 쉽게 설명하면 영국과 프랑스 군대에는 '부정적인 규칙'이, 일본의 자위대에는 '긍정적인 규칙'이 있다.

○부정적 규칙

해서는 안 되는 것을 정해 그것을 지키고, 나머지는 자유롭게 한다.

○긍정적 규칙

무엇을 해야 하는지 정한 뒤, 그 외에는 절대 하지 않는다.

니와 사장은 이 스타일이 자위대뿐만 아니라 일본 기업도 마찬가지라고 지적했다. 경영자는 '무엇을 해야 할지' 지시하고 임원이 거기에서 벗어나는 일을 하면 즉시 좌천시킨다. 그래서 비리가 생겨도 입을 다물게 되므로 비리가 잇따르는 것이라고 했다. 그동안 일본 제조업의 강점은 '고품질'이었다. 탁월한 품질이 세계 시장에서 인정받아왔기 때문에 일본 기업은 지속적으로 성장할 수 있었다. 그러나 부정행위는 그 신뢰를 근본적으로 무너지게 하기 때문에 치명적이다.

언제부터 이런 비리가 생겼을까? 1990년대 거품경제 붕괴가 원인이 아닐까 추측한다. 거품경제가 몰락할 때 대부분의 일본 기업은 수익이 크게 줄었다. 경쟁력을 높이기 위해 가격은 낮춰야 했지만, 품질은 낮출 수 없었다. 여기에서 모순이 생겼다. '가격을 낮추고 품질을 향상시키는 것'은 매우 어렵다. 그래서 기업들이 살아남기 위해 선택한 방법은 품질 조작이었다. 문제는 이런 품질 위조 지시를 거절할 수 없는 분위기가 일본 사회에 만연해 있다는 것이다. 평론가 야마모토 시치헤이가 이런 말을 한 적이 있다.

"일본은 공기의 나라다. 일본에서 사랑 나쁜 것은 공기를 깨는 것이다. 공기를 깨면 살아갈 수 없다."

일본에서는 '분위기를 해치는 행위를 공기를 깬다'고 하고, '분위기 파악하는 것을 공기를 읽는다'고 표현한다. 그래서 공기를 읽고 맞추는 것을 암묵적으로 강요당한다. 일본에서 30년 살아본 경험으로 비추어 봤을 때 참으로 공감 가는 말이다.

이것은 기업뿐만 아니라 정치권도 마찬가지다. 자민당 의원들도 공기를 깨지 못하기에 아베 총리에게 'NO'라고 말하지 못하는 것이다.

2017년, 아베 정권을 잠시 흔들었던 사건이 있었다. 바로 '모리토모 소학교 스캔들'이다. 극우인사이며 아베 총리의 신봉자인 카모이케 야스노리가 학교를 건립하는 과정에서 일본 정부가 공시가 80억 원에 달하는 국유지를 15억 원이라는 파격적인 가격에 양도하고, 계약 후에도 토지 오염물질 제거 문제 등의 이유를 들어 거의 무상으로 양도한 사실이 발각되면서 큰 파문이 일었다.

진상규명 과정에서 아베 총리의 부인 아베 유키에 씨가 명예교장을 맡았다는 사실과 아베 신조 기념 소학교라는 이름으로 개교하려고 했다는 사실들이 속속 드러났지만 관계 부처가 매각 관련 자료는 공개하지 않은 상태에서 부정이 없었다고 강변하여 아베 총리와 아베 유키에 부인이 조사도 받지 않고 덮어졌다. 대신 이 사건으로 카모이케 야스노리 이사장과 부인이 옥고를 치렀고, 학교 부지 매각 과정에 실무자로 참여한 관료가 자살을 하며 막을 내렸다.

이 사건에 대해 국민의 70% 이상이 정부의 대응에 문제가 있다고 지적하고 있음에도 불구하고, 자민당 내에서는 아베 총리에게 책임을 추궁하거나 반발하는 목소리가 거의 없었다. 물론 문제가 있다고 생각하는 의원은 많았지만 아베 총리에게 문제를 제기할 수 있는 사람은 아무도 없었을 것이다. 책임을 추궁하다가 눈 밖에 나면 자신의 정치적 거취에 악영향을 줄 것이 뻔하기 때문이다. 아베 총리의 부정을 온몸으로 덮은 당시 재무성 고위관료는 국세청장으로 영전하여 승승장구하고 있는 현실에서 그야말로 기업과 정치권에서 공기를 읽고 몸을 사리다 보니 더욱더 부패해가고 있다.

한국과의 역사 문제도 대부분의 사람들은 무지하지만 안다고 해도 침묵한다. 일본도 우리나라처럼 과거를 청산한 적이 없기에 목청을 높이는 사람들은 대부분 일본 제국주의자들의 직계후손들이고 그들은 선조가 저지른 일에 대해 반성하지 않는다.

08

질 수밖에 없는 전투를 끝내고 얻은 교훈

태평양전쟁 중반 미군에 밀려 열세였던 일본군은 마지막 회심의 승부수로 던진 마리아나제도 해전에서 처참하게 패배한 역사가 있다. 지금에 와서 냉정하게 분석해보면 일본군은 질 수밖에 없는 전투를 한 것이다. 당시 일본군은 왜 이렇게 어리석은 판단을 했을까?

아이러니하게도 태평양전쟁에서 일본군이 질 수밖에 없었던 이유와 최근 일본의 IT업계 및 기업이 경영에서 실패하는 이유는 매우 닮아 있다. 역사는 반복되므로, 태평양전쟁 때의 일본인의 사고와 현대 일본인의 사고가 같다면 우리는 선제적 사고를 할 수 있다. 그래서 실패의 본질을 연구하는 것은 의미가 있다.

태평양전쟁 막바지에 이르러 일본은 벼랑 끝에 몰리게 된다. 일본은 세계 최강의 전함 야마토를 필두로 많은 함정과 함재기를 동원하여 전투를 시작한다. 연합함대 사령부는 먼저 당대 최강의 제로센 전투기 250기를 띄워 적의 함대를 공격하게 했다.

당시 함재기艦載機, 군함에 탑재된, 또는 그곳에서 운용 가능한 항공기였던 제로센 전투기는 공중전에서 연전연승을 거두었던 비행기였고 조종사들의 전투 능력 또한 세계 최강이었다. 이들을 보내며 연합함대뿐만 아니라 일본의 총사령부인 대본영에서는 승리를 예감하며 축배를 든다.

하지만 기다리고 기다리던 승전보는 오지 않았고, 대승을 거둘 것이라는 예상과는 달리 제로센 전투기는 미국 전투기의 공격 앞에 맥을 못 추고 격추당한 채 귀함하게 된다. 대부분의 전투기를 잃은 연합함대는 무방비 상태에서 미국의 전투기 공습까지 받아 전함 야마토는 물론 주력 함정이 모조리 격침되면서 재기불능 상태가 된다.

일본이 참패한 이유는 크게 3가지다.

1. 공중전에서 연패했던 미국의 레이더 개발

당시만 해도 적기의 발견은 육안으로만 가능했다. 그래서 일본군의 진주만 공격 때 미군은 허무하게 당할 수밖에 없었다. 미국은 멀리서 오는 적을 사전에 알 수 있는 레이더 개발을 시작했

나. 제로센이 노각하지 만에 정교를 피악한 미규우 한재기를 발진시켜 제로센의 고도보다 더 높은 고공에서 구름 뒤에 숨어 대기한다. 제로센 전투기는 적군이 대기 상태인 줄도 모르고 미함대를 향해 공격을 시작한다. 이때 다가오는 적을 지켜보던 미군기는 급강하여 기총소사로 공격을 퍼붓기 시작한다. 고공에서의 공격을 예상치 못하고 일격을 당한 일본군은 무방비 상태로 전멸하게 된다.

2. 제로센 전투기의 취약점

아무리 급습당했다고 해도 적기와 비슷한 수의 공중전이면 전술 능력이 뛰어난 일본 전투기가 전멸까지 당하지는 않았을 것이다. 그렇다면 이유가 무엇일까? 제로센 전투기는 공격용 전투기로 방어 능력이 거의 없었다고 한다.

당시 공중전에서 이기기 위해서는 '선제공격과 급선회하여 후방공격'을 해야 했기 때문에 제로센은 선회가 용이하도록 매우 가볍게 만들어졌다. 또 전신이 연료탱크 역할을 하도록 설계되어 있어, 적의 총알을 한 방만 맞아도 바로 동체에 불이 붙어 전멸을 피할 수 없었다.

3. 미국의 VT신관을 이용한 총탄 개발

당시 미군 조종사의 기총소사 능력은 부족했다. 연구에 돌입한 미국은 적기에 명중하지 않아도 표적에 근접하면 자동 폭발하는 총탄을 개발했다. 수많은 파편들은 제로센에 큰 타격을 주었고, 이 총탄은 전투에서 혁혁한 공을 세웠다.

일본은 질 수밖에 없는 전투를 시작하여 자멸하게 된 것이다. 이유를 짐작조차 하지 못한 채 충격적인 패전소식을 들은 일본 정부와 대본영은 패닉 상태에 빠지게 된다. 곧 관계자 대책회의가 소집되었고, 왜 전투에서 질 수밖에 없었는지 나름대로 분석을 끝낸 후 레이더를 만들어 장착하자던가, 제로센 전투기를 총탄에 맞아도 견딜 수 있게 철판을 보강하자는 등의 건설적인 이야기가 오갔다. 하지만 가만히 듣고 있던 해군 겐다 중좌는 찬물을 끼얹어 버린다.

"여러분들의 의견을 듣고 보니 참으로 참담하다. 어찌 그리 심약한 소리만 하는가. 레이더? 그깟 장난감이 얼마나 전투에 영향을 미치겠는가. 거기다가 총알을 맞으면 제로센이 격추되니 장갑을 두르자고? 그럼 제로센의 선회 능력에 치명적인 영향을 주는데 어떻게 하자는 것인가.

군인이 총알을 무서워하면 어떻게 전투를 치루는가. 비겁한 사람들 같으니! 약해 빠진 불평불만만 늘어놓지 말고, 보다 가볍고 보다 선회 능력이 뛰어난 전투기를 만들라. 또한 조종사들은 군인정신으로 무장하고 비행 능력을 더욱 갈고 닦아서 이 싸움에서 승리해야 하시 ~~잃겠나!~~"

공기를 읽을 줄 아는 민족답게 모두들 입을 다물었다. 결국 모처럼 대책회의에서 나온 의미 있는 조언들은 모두 묵살되었다. 결국 일본군은 전쟁이 끝날 때까지 전투에서 레이더를 이용하지도, 제로센 전투기를 개량하지 않은 채 패전을 맞이했다.

적기 발견이 중요하다는 것을 파악하고 레이더를 개발한 미군
vs.
오직 인간의 능력을 갈고 닦는 것을 중요시한 일본군

전투기의 핵심은 조종사이며 숙련된 조종사를 한 명 키우는 데는 최소한 2년이라는 시간과 수십억 원의 훈련비용이 든다는 것을 전제로 다소 전투 능력이 떨어지더라도 조종사를 보호하는 전투기, 한두 발의 총알로 발화되지 않는 전투기를 만들었던 미군과 오로지 훈련만이 살 길이라며 애기(사랑하는 비행기)와 함께 장렬히 산화하는 것만이 군인의 길이라 믿었던 일본군. 사격 능력이 부족해도 적당히 사격하면 적기 근처에서 폭발하여 치명적인 피해를 줄 수 있는 총탄을 개발한 미군과 사격 능력이 부족하다고 정신교육만 시키는 일본군과의 생각 차이는 완전히 다른 결과를 가져왔다.

태평양전쟁에서의 일본인과 현대 일본인의 사고방식은 달라진 게 전혀 없다. 국민성은 쉽게 달라지지 않는다. 조선 중기의 문신 유성룡이 임진왜란 동안에 경험한 사실을 기록한《징비록》을 보면서 우리나라도 달라진 게 없음에 개탄하게 된다. 지피지기면 백전백승이라고 했다. 미국에 태평양전쟁 때 불나방처럼 덤벼들었던 일본군처럼 되지 않기 위해서는, 한국 기업경영자들이 일본 기업을 대상으로 사업을 할 때 숨을 고르고 다시 한 번 전략을 검토해야 한다.

09

조직을 위해
고객을
희생시키는 사람들

2006년 일본 규슈 지방의 사가현 사가시청 전자정부컨설팅업체로 선정되어 제일 먼저 맡게 된 일은 증명서 자동발급기(키오스크)를 조달하는 일이었다. 예산내역서를 보니 증명서 자동발급기 2대 도입하는 예산이 4500만 엔이었다.

무엇보다도 놀란 것은 증명서 자동발급기 한 대가 1200만 엔(약 1억 2000만 원)이었다. 아무리 생각해도 너무 비싼 금액이었다. 자동발급기를 판매하는 F사, H사, N사의 견적 금액이 모두 비슷해서 예산을 그렇게 잡았다는 담당자의 이야기를 듣고, 서울에 시찰을 갔을 때 강남구청에서 본 자동발급기가 생각이 났다. 강남구청에 전화해서 확인해보니 한 대에 2000만 원(약 200만

엔) 정도에 구입했다고 말했다.

왜 기능은 비슷한데 한국과 일본에서 가격 차이가 6배나 나는 것일까? 답은 간단했다.

1. 업체 간의 담합
2. 당시 사가시청의 기간시스템이 N사의 것이었기 때문에 N사 이외에는 기간시스템과 증명서 자동발급기를 연계할 수 없다.

독점적 지위에서 낸 견적 또는 N사 이외의 기업이 수주하게 될 때에 N사와의 협력을 위해 필요한 비용이었던 것이다.

또한 증명서 자동발급기를 제작할 때 은행의 ATM 수준으로 정밀하고 튼튼하게 만들어 제조원가가 비약적으로 상승한 것이라고 했다. 부품 하나하나를 금형으로 떠서 만드는 것과 판금으로 만들어내는 것은 당연히 원가에서 많은 차이가 날 수밖에 없다. 그런데 생각해보자. 하루 매상이 많아야 수십만 원에 불과한 증명서 자동발급기와 수억 원 이상이 거래되는 은행 ATM을 같은 수준의 품질로 만드는 것이 과연 효율적인 일인가?

한국산업기술진흥협회에서 주최한 와세다 최고경영자과정 프로그램 강사로 섭외되어 와세다 대학에서 강의를 한 적이 있다. 당시 나는 일본의 초일류병원인 성누가국제병원의 IT어드바이저

를 받고 있었고, 사가시의 진실됨도 겹치고 있었기에 일부을 상
대로 사업을 하는 한국의 경영자분들에게 필자의 경험이 도움되
리라 믿었다.

강의 후, 회식자리에서 국내 증명서 자동발급기 시장의 대부
인 에니텍시스의 홍사혁 사장님과 이야기를 나누게 되었다. 홍
사장님은 일본복사기를 한국에 판매하는 회사에 다니다가 창업
을 하셨는데, 한국의 증명서 자동발급기가 일본에 판매될 경우
무한한 가능성이 있다는 강의에 고무되어 다양한 사업이야기를
나누고 헤어진 적이 있다.

며칠 후, 사가시 정보정책 담당공무원이 자동발급기의 입찰을
준비해야 하는데 어찌해야 할지 의견을 달라고 했다. 기존 거래
처에서 받은 견적을 조사해보니 턱없이 비싸다는 이야기를 해주
었다.

"비슷한 기능의 제품을 한국에서는 200만 엔에 살 수 있습니
다."

"한국에서 싸게 팔아도 일본에는 그런 제품이 없지 않습니
까?"

"그럼 제가 한국 기업에 연락해서 입찰에 참가하라고 할 테니
경쟁입찰을 합시다."

필자의 제안에 담당공무원이 받아들여 공개경쟁 입찰을 실시

했고, 에니텍시스의 제품이 입찰을 통해 선정될 수 있었다. 일본인의 주민등록등본이 한국 기술로 만들어진 기계에서 출력되는 모습을 바라보니 감회가 새로웠다.

다윗이 골리앗을 이긴 이야기처럼 이 일은 감동과 동시에 보람을 느끼게 해주었다. 사가시를 시작으로, 에니텍시스의 증명서 자동발급기는 남쪽 오키나와부터 북쪽 아키타 지방까지 판매가 되어 현재 일본 시장에서 시장점유율이 7.5%에 이른다. 당시 자동발급기 수가 1000여 대에 불과했기 때문에 많은 지방자치단체에서 자동발급기가 필요했다.

일본에 수출된 증명서 자동발급기

필자는 사가시에서의 작은 성공을 바탕으로 일본의 자동발급기가 에니텍시스의 상대가 되지 않는다는 것을 확신하고 때가 오기를 기다렸다. 특히 자동발급기를 만들던 기업들로부터 OEM(주문자가 요구하는 제품과 상표명으로 완제품을 생산하는 것) 요청이 있을 거라 생각했다.

하지만 타 기업들은 우리와 경쟁을 시작하면 기업 상호 간에 손해가 가는 출혈 경쟁을 불사하고 덤벼들었다.

자동발급기를 우리에게 공급하면, 기 사의 자동발급기 라인이 폐쇄될 것이고 많은 직원이 직장을 잃게 되어 포기할 수 없었던 것이다. 하지만 지속되지 못할 것이라 생각하고 차분히 기다리기로 했다.

이 일로 인해 일본의 자동발급기 업계는 재편이 이루어져 후지쯔사는 사업을 포기하고 자회사에 이관, 일본 자동발급기를 대표하는 3사 중에 가장 경영난이 심각했던 히타치사가 자체 사업을 포기하고 에니텍시스의 대리점이 되었다.

회사가 망해도 나는 살아야 한다는 개인 이기주의가 일본 기업을 망치고, 또 나라의 세금을 낭비하더라도 우리 회사가 망하면 안 된다는 지극히 이기적인 발상을 확인한 순간이었다.

"

대한민국은 이미 많은 자동발급기가 가동 중이고 인터넷 발급이나 각종 증명서 제출 의무 생략 등으로 시장이 포화 상태이지만 일본 시장은 지금부터 시작이다. 그래서 오늘도 일본 시장 제패라는 꿈과 희망을 가지고, 한국산 제품을 도입하는 것에 대한 불안감과 단순히 자국 제품이라는 것만으로 일본 대기업의 제품

을 선택하는 일본의 공무원들과 격전을 벌이
고 있는 중이다.

10

관료
내각제

'의원내각제'는 들어봤어도 '관료내각제'는 금시초문일 것이다. '관료내각제'라는 것은 한마디로 이야기하면 실질적인 정부 운영을 '관료(일본 공무원)'들이 주도적으로 하고, 내각에 있는 대신들이 꼭두각시처럼 따르는 것이다. 일본 정계에서 이야기하는 철칙이 있다. 소위 대신의 자리를 오래 지키려면 있는 듯 없는 듯 해야 한다는 것이다. 공연히 잘해보려고 여기저기 개입하다가는 관료들이 만든 정치적 부비트랩에 걸려 자리에서 쫓겨나기 십상이기 때문이다.

오랫동안 일본은 이런 체제로 움직여왔기 때문에 매년 총리가 바뀌거나 1년에 한두 번씩 대신이 바뀌어도 업무의 일관성을 유지할 수 있었다. 그런 의미에서 보면 관료내각제의 장점도 있다. 하지만 물도 고여 있으면 썩듯이 나름 효율적인 국가운영을 해오던 관료들도 어느 시점에서부턴가 도덕적으로 타락하여 국민으로부터 공분을 사는 존재가 되어버렸다.

또한 일본에서는 관료가 정년퇴직 또는 중도퇴직을 하더라도 취업을 정부산하기관 등에서 알선해주어 평생 연봉 3억 엔을 보장해준다는 설이 있다. 뿐만 아니라, 낙하산 인사(중앙부처공무원이었던 사람이 정부산하기관에 입사하는 것)를 수용하기 위한 전문 회사들도 많다. 낙하산 전문 회사란, 이사장을 포함한 임원들이 20여 명이고 직원은 2~3명 정도 되는 조직으로 주로 중앙부처에서 예산을 확보해서 민간기업들에게 외주를 주고 그 차액 등으로 급여를 챙기는 회사를 말한다. 급여 수준도 상당히 높고, 신분과 평생 연봉도 보장받으니 대한민국 공무원이 박봉에 격무에 시달리는 것을 생각하면 일본은 정말 공무원 천국이다.

10년 전 민주당 정부에서 낙하산 방지법을 만들어 이런 취업을 금지시켰으나, 관료들의 보이지 않는 저항 등으로 인해 민주당 정권은 국민들로부터 신뢰를 잃고 결국 붕괴하였다.

민주당 시절에 실제로 있었던 이야기다. 한 부처의 대신이 부처 인사에까지 끼어들어 불만이 컸다고 한다. 관료들 사이에 대책회의가 열렸고, 그중 고양이 목에 방울을 달 사람을 대표로 골랐다. 부처 내에 사소한 비리나 국민들에게 알려지면 지탄받을

일날 신문사에 구체적인 핑고와 힘께 제공한다. 다음나 언론에서
는 계획대로 기사가 실리고 부처 안에서는 대책회의를 거쳐 장관
이 방송 카메라 앞에 서서 관계자 처벌과 재발 방지를 약속하는
기자회견을 한다.

희생양으로 선정된 한 사람이 책임자로 지목받아 징계 처리를
당하지만, 약속대로 퇴직할 나이가 될 때까지 이곳저곳 산하단체
와 민간기업을 옮겨다니며 평생 고액의 연봉을 보장받게 된다.
이러한 사태를 겪은 뒤에도 대신이 분위기 파악을 못하고 나대서
관료들의 심기를 거스르면 그들은 한 번 더 큰 사고를 만든다. 일
본에서는 이런 일이 지속되면 대신의 리더십에 문제가 있는 것으
로 간주되어 대신이 경질되기 때문이다.

이런 관료내각제하에서 총리가 된 아베는 관료들의 저항을 원
천봉쇄하기 위해 고민하게 된다. 그리고 관료조직을 틀어쥐기 위
해서 내각부 안에 내각인사국이라는 것을 만든다. 고위직공무원
단 같은 것인데, 이전까지는 각 부처가 사무차관의 지휘하에 국
장급 인사를 독자적으로 맡아왔지만, 이젠 총리가 내각인사국을
통해 600명이 넘는 각 부처의 국장급 이상의 인사를 직접 챙기
는 것이다. 이렇게 되니 각 부처의 관료들은 내각인사국의 평가
에 높은 점수를 받기 위해 노력하고 있다.

그 이후로 일본의 각 부처는 독자적인 힘을 잃고 오로지 아베
총리의 눈에 나지 않으려고 필사적인 노력을 하게 되었다. 점점

총리 대신의 권한은 막강해졌고 관료의 힘은 약화되어만 간다. 2019년 7월 한국수출규제 정책은 예전 같으면 정치적 접근이 아닌 실리적 혹은 상식적으로 판단하는 관료들의 반대로 이루지 못했을 것이다. 요즘 아베 총리의 국정 수행 형태를 보면 그야말로 브레이크 없는 벤츠라는 말이 생각난다. 이러한 상황들이 지속된다면 일본의 미래는 불투명하다.

11

되는 것도 없고 안 되는 것도 없는 나라

필자의 자랑으로 보일지 모르겠지만 일본이 '되는 것도 없고 안 되는 것도 없는 나라'라는 것을 설명하기 위해 경험담을 몇 가지 소개한다. 오해 없으시길 바란다.

사례 1

필자는 초등학교(당시 국민학교) 저학년 때만 해도 공부가 재미있었는데 고학년이 되면서 성적이 떨어져 고등학교까지 거의 꼴찌를 면하기 어려웠다. 성적이 안 좋으니 수능을 볼 엄두도 내지 못했고 가정형편도 어려워 대학 대신 군 입대를 선택했다. 제대 후 나보다 조금 더 많이 배운 아내를 만났고 결혼을 앞두고 아내와의 결혼을 장인어른께 승낙받는 자리에서 마흔 전까지는 반드시 석사학위를 받아 보여드리겠다고 약속했다.

이후 서울시 공무원으로 임용되어 낮에는 일하고 밤에는 수능을 준비했다. 전문대학 입학 후 편입에 도전했지만 사회활동이 바빠지면서 진학을 포기하고 오랜 시간이 흘렀다.

우여곡절 끝에 일본에 정착하여 전자정부 전문가로 바쁘게 활동하다가 45살이 되던 해에 와세다 대학에 강사로 출강하게 되었다. 강의를 마치고 뒤풀이자리에서 학과장에게 지나가는 말로 대학원에 입학하여 석사학위를 취득하고 싶다는 말을 했다. 그러자 학과장은 도무지 이해가 가지 않는다는 표정을 지으며 내게 물었다.

"일본에서 전자정부 전문가와 의료정보화 전문가로 높게 평가받고 있고, 회사도 경영하고 있고, 전문서적도 여러 권 출판한 경력이 있는데 왜 학위를 취득하려고 하시는 건가요?"

"제가 결혼 허락을 받을 때 장인어른께 45세까지 석사학위를 취득하겠다고 약속드렸습니다."

"약속했으면 지키면 되지요."

"석사학위를 취득하려면 대학원을 졸업해야 하는데, 저는 전문대학을 나와서 대학원 응시 자격이 없습니다."

"우리 학교 대학원 응시자격 중에 '대학졸업자 혹은 대학졸업 학력 동등 이상의 학력이 있는 자'라는 조건이 있어요. 염 사장님분 그 소신이 충분히 되실 것 같습니다."

귀가 솔깃해진 나는 "그럼 어떻게 해야 대학졸업학력 동등 이상의 학력이 있는 자로 인정받을 수 있습니까?"라고 물었고, 그는 교수들이 심사해서 정한다며 내게 도전해보라고 했다. 밑져야 본전인 나는 열심히 준비해서 심사회의에 참가했고, 심사위원인 교수들과 격의 없는 토론을 나누며 무난히 마칠 수 있었다.

심사회의가 끝나고 "합격인가요?" 하고 물으니 '합격'이란다. 너무 쉬워서 이렇게 간단하게 합격한 건가 하는 의문마저 들었다. "그럼 입학 수속은 어떻게 하는 건가요?" 하고 묻자, '대학졸업학력 동등 이상의 학력이 있다'는 평가에 통과가 된 것이지 대학원에 합격된 것은 아니라고 했다.

"그럼 대학원 입학시험은 어떻게 보나요?"라고 물었다.

"오늘 발표한 내용을 동일한 심사위원들 앞에서 한 번 더 하시면 됩니다."

동일한 프레젠테이션을 동일한 사람들 앞에서 한 번 더 하는 것이 어떤 의미가 있을지 의아했지만 '역시 형식을 중요시하는 일본'이라는 생각이 들었다.

와세다 대학에는 일본 내 대학 중에 유일하게 전자정부연구소가 있다. 이곳에서 세계 각국의 전자정부를 연구하고 있어 전자정부 연구원을 찾고 있는데 때마침 필자가 필요한 인재라고 했다.

만일 내가 한국에 있었다면 이런 기회를 얻을 수 있었을까? 기회가 있어서 다른 대학원의 입학요강을 보니 와세다 대학처럼 '대학졸업자 혹은 대학졸업 동등 이상의 학력이 있다고 인정되는 자에게 응시자격을 부여한다'는 조항이 있었다. 과연 한국에서는 이 조항으로 입학한 사람이 몇 명이나 될까? 거의 전무하지 않을까? 이 일을 통해 일본에서는 본인들이 필요하다면 룰을 유연하게 적용하여 필요한 인재를 확보한다는 것을 알게 되었다.

사례 2

필자는 한국계 중소기업으로서는 일본 최초로 기초지방자치단체인 사가현 사가시청의 전자정부구축 통합컨설팅사업자로 선정되어 사가시청 기간행정시스템을 성공리에 구축한 경험이 있다. 당시 시스템 개발사업자로 한국 기업인 삼성 SDS가 선정되어 일본 내에서 큰 화제가 되었다.

이 프로젝트는 기존의 관행을 거부한 것이었기 때문에 일본 기업들의 질시 어린 눈초리를 견디고, 처음으로 외국 기업과 프로젝트를 추진하여 불안해하는 일본 공무원까지 설득해야 했지만 우여곡절 끝에 성공적으로 마무리할 수 있었다. 이 소식이 언론에 보도되자 사가시청의 시스템 구축법을 모방한 지자체가 하나둘 늘기 시작했다.

그러던 어느 날, 사가시의 기노시타 시장으로부터 연락이 왔다. 일본 동북 지방인 아오모리시청에서 기간정보시스템 구축지

원 요청을 하여 필사를 소개했으니 비소프티시 사사키 시장을 마나보라는 내용이었다. 사사키 시장을 만나 자초지종을 들어보니 사가시청의 성공사례를 듣고 아오모리시의 공무원들이 프로젝트를 시작했는데, 실패하여 앞으로 3개월 내에 성공적으로 마무리하지 못하면 각종 행정업무가 마비될지 모르는 위기에 처해 있다고 했다.

며칠간 내부 사정을 살펴보니 시장, 의회, 공무원, 사업자 모두가 무책임하게 추진해 일이 틀어진 것이었다. 그중 가장 큰 원인은 정보정책과 담당 공무원들의 프로젝트 능력 부재였다. 이 프로젝트를 성공시키기 위해서는 정보정책과 공무원들을 철저히 관리해야 하는데, 내가 공무원으로서 그들의 상사가 되지 않고서는 조직을 컨트롤 할 수 없다는 결론에 도달했다. 시장과의 면담을 요청하여 파악된 내용을 전달했고, 프로젝트를 성공시키기 위해서는 내가 공무원이 되어 정보정책과를 통솔할 수 있는 권한이 있어야 한다고 말했다.

일본의 지방자치단체 공무원 임용조항에 '일본 국적자여야 한다'는 것을 알고 있었기 때문에 받아들이기 어려운 제안이라 생각했다. 사실 개인적으로도, 컨설팅사업을 수주하는 것도 아닌데 비행기로 2시간 걸리는 곳까지 와서 일할 필요를 크게 느끼지 못하던 차였다.

하지만 결론은 달랐다. CIO인 부시장 직속의 정보정책조정감이라는 직책을 신설하여 부시장 대신에 정보정책과를 관리 조정하는 권한을 받았다. 이들은 국적 관련 조항을 빠져나가기 위해 직제마저 새롭게 신설했던 것이다. 그로부터 3개월간 프로젝트를 정상궤도에 돌려놓고 10여 년을 비행기로 통근하며 임무수행에 최선을 다했고, 3년 전 정들었던 아오모리시를 퇴직했다.

평소에는 외국인 국적자가 공무원이 될 수 없지만, 위기 상황에서 적임자가 필요하자 편법으로 채용하는 유연함을 보여주었다.

사례 3

사가현 사가시청의 프로젝트를 마치고, 아모모리시청의 시스템 재구축에 분주하던 어느 날 사가현 CIO인 가와시마 씨에게 연락을 받았다. 사가현청은 한국으로 이야기하면 광역자치단체인 도청에 해당하며 전라남도와 자매 결연을 맺고 있는 도시다.

그는 필자의 사가시청 프로젝트 성공사례를 높이 평가한다고 했고 그 능력을 사가현청을 위해 써주지 않겠냐며 1억 원의 연봉과 사가현의 정보기획감직(과장)을 제안해왔다. 관심을 표하자, 관공서이기 때문에 공채 모집을 해야 한다면서 채용공고를 낼 테니 응모해달라고 했다. 얼마 후 응모를 하려고 모집요강을 살펴보니 '일본 국적자일 것'이라는 조항이 눈에 들어왔다. 아마도 가와시마 씨는 내가 아오모리시의 공무원직을 하고 있었기 때문에 국적이 일본인 줄 알았던 것 같다.

결국 응모를 마시 붓디고 시간이 흘렀다. 3개월 후, 우언히 가와시마 씨를 다시 만나게 되었는데 왜 정보기획감 공채에 응모하지 않았냐고 물었다.

"저는 현재 국적이 한국이고, 이 일을 하기 위해 국적을 바꿀 생각이 없습니다."

그러자 그는 다시 제안을 해왔다. 지난 번에 적임자가 없어 채용하지 못했는데 이번에는 꼭 응모해달라고 했다.

얼마 후 모집요강을 보내와 살펴보니 '일본 국적 보유자일 것'이라는 조항이 없어져 있었다. 반신반의했지만 응모하였고 서류전형 및 면접을 통과하여 정보기획감으로 채용될 수 있었다. 사가현은 필자를 채용하기 위하여 정규직이었던 정보기획감을 개방직으로 바꾸어 외부자를 채용할 수 있도록 내부규정을 고쳤던 것이다.

이 일을 통해 필자는 기업의 대표이자, 기초자치단체인 아오모리시의 정보정책조정감과 사가현의 정보기획감을 겸무하는 유례없는 이력의 소유자가 되었다. 또한 사가현의 교육정보화 추진을 위해 사가현 교육청 정보기획감의 보직도 함께 겸하게 되었다.

7년 반 필자가 재작하는 동안 존재감 없던 사가현은 대한민국의 강남구청 및 서울시교육청 등과 MOU를 맺고 전자정부와 교육정보화 노하우를 배웠다. 현재 〈닛케이〉가 선정하는 전자지방정부 랭킹 및 교육정보화 랭킹에서 상위권을 유지하며 일본 최고의 전자 지방정부로 손꼽히고 있다. 또한 사가현은 현 내 고등학교의 모든 교실에 전자칠판을 사용하고 있고, 모든 학생들에게 태블릿 PC를 지급하는 전국 유일한 지방자치단체이기도 하다.

이처럼 일본인들은 지극히 실리적이고 현실적이다. 그들을 분석하고 설득할 수 있는 논리를 찾아내면 우리가 원하는 바를 얻어낼 수 있다. 일본은 본인들이 원하면 안 되는 것도 없고 원하지 않으면 되는 것도 없는 나라다.

12

일본의
표현법

우리는 살면서 수많은 약속을 하지만 모든 약속을 완벽하게 지키기는 어렵다. 물론 약속을 지키기 위해 최선을 다하지만 현실적으로 100% 약속을 지킬 수 있는 것도 아니다. 약속을 어기지 않는 가장 확실한 방법은 무엇일까? 약속은 이행에 대한 책임이 수반된다.

한국인은 약속을 하고 그 약속을 지키기 위해 최선을 다했다면 설사 불가피하게 약속을 어기더라도 이해하는 측면이 있지만, 일본인은 그런 경우에도 약속을 어긴 것으로 간주하는 경향이 있어서 아예 명확한 약속을 하지 않는다. 따라서 일본인들과 약속을 할 때는 약속의 범위와 한계에 대해 명확히 짚어주고 이해시

킬 필요가 있다.

2019년 11월, 한일군사정보협정 지소미아의 효력 종료에 관한 양국의 입장은 달랐다. 일본 정부가 의도적으로 거짓말을 하고 있는 것일까?

물론 그럴 수도 있겠으나 꼭 그렇게 볼 수만은 없다. 아마도 합의과정에서 그들이 원하는 대로 해석 가능한 함정을 파놓았을 것이다. 그들의 이러한 습성을 철저히 꿰뚫어야만 우리가 속지 않을 수 있다.

일본 카스미카세키는 우리나라의 세종시 같은 곳으로 중앙부처가 집중되어 있다. 그래서 '카스미카세키'는 지명이지만, 정부 부처를 통칭하는 의미로 쓰이기도 한다.

얼마 전 교토통신 기자생활을 하는 친구에게 "카스미카세키 문학이라는 말 알아요?"라는 질문을 받았다. 당연히 모르는 단어라서 뜻을 물었더니, 이번 국회에서 통과된 가칭 '디지털정부법안' 같은 것을 '카스미카세키 문학'이라고 한다고 했다. 디지털정부법안이란, 행정 개혁과 관련된 법안으로 한국의 전자정부법 같은 것이다.

그동안 행정 처리 시 필요한 각종 증명서를 민원인이 준비해 왔어야 했는데, 행정정보를 공동으로 이용하여 정부·지자체가 필요한 정보를 확인하고, 민원인에게 증명서 제출하지 않아도 되도록 행정업무 프로세스를 개편한 것이다. 여기까지만 보면 훌륭한 법안이지만 날미에 이딴 구칠이 붙이 있니.

단, 행정기관이 증명서가 필요하다고 판단될 시에는 증명서 제
출을 요구할 수도 있다.

'카스미카세키 문학'에 비유해서 설명하면 민원인에게 증명서
제출을 안 해도 되도록 프로세스는 바꾸겠지만, 공무원이 판단해
증명서가 필요하다고 판단되면 요구하겠다는 뜻이다. 일본에서
는 이러한 예외규정이 있으면 거의 모든 사례가 이 규정에 해당
되어 본래 법에서 의도했던 것이 유명무실해진다.

일본에서는 비단 관공서뿐만이 아니라, 일상적인 대화에서도
은유적인 표현이나 에둘러서 반대의사를 표현하는 경우가 매우
많다. 따라서 일본과 주요한 비즈니스 문서를 작성하거나 합의를
체결할 때는 일본어를 잘 아는 일본인 혹은 변호사와 함께하기를
권한다.

일본은 정치적 견해나 시사 상식에 대해서 이야기할 때 상대
방과 보조를 맞추어서 나름 분위기를 깨지 않으려고 노력한다.
그러나 우리는 이도저도 아닌 것 같은 사람을 '회색분자(소속, 정
치적 노선, 사상적 경향 따위가 뚜렷하지 아니한 사람)', '사쿠라(어원
은 일본어 '사쿠라니쿠櫻肉'로 색깔이 연분홍색인 말고기다. 쇠고기인
줄 알고 샀는데 먹어 보니 말고기였다는 뜻)'라고 부르며 신뢰할 수

없는 사람으로 낙인을 찍는다. '사쿠라'라는 단어는 이러한 일본 사람의 속성을 빗대어서 만들어진 말이다.

일본에서 강연을 하면서 일본인과 역사 문제에 대해 다룰 때마다 살얼음판을 걷는 듯한 스릴을 느낀다. 그러나 내 앞에서 대다수의 일본인은 적극적으로 반박하지 않는다. 반박은 반박을 부르고 그건 아주 피곤한 일이라 생각하기 때문이다.

상대가 어떠한 주장을 하고 대답을 할 때 한국어에 "잘 알겠습니다", "그렇군요", "그렇습니까?"라는 말이 있는 것처럼 일본어에도 그런 표현이 있다.

❶ わかりました。

❷ 了解しました。

❸ かしこまりました。

❹ 承知いたしました。

❺ そうですか？

❻ そうですね。

❼ なるほど。

한국어로 번역하면 모두 "알겠습니다"라는 긍정적 뉘앙스로 해석할 수 있다. 하지만 정확히 해석하면 다음과 같다.

❶ 알겠습니다.

❷ 이해했습니다.

❸ 분부대로 하겠습니다.

❹ 그리하겠습니다.

❺ 그래요, 그렇군요.

❻ 그렇죠.

❼ 아하!

여기에서 진심으로 '동감합니다'라는 뜻을 담고 있는 것은 몇 번일까? ❸번, ❹번 정도이고, 이보다 조금 덜한 느낌은 ❷번 정도 될 것이다. 나머지는 절대적으로 소위 '납득했다'는 표현이 아닐 수 있다. 상대가 무슨 이야기를 하는지는 '알겠습니다' 정도로 끝날 가능성이 높다.

이보다 더 어려운 것은 사과를 할 때다.

❶ 大変なご迷惑をおかけして誠に申し訳ありません。

❷ 申し訳ありません。

❸ ごめんなさい。

❹ すみません。

❺ 失礼します。

한글로 번역해보자.

❶ 대단히 커다란 실례를 끼쳐서 정말 죄송합니다.

❷ 죄송합니다.

❸ 미안합니다.

❹ 미안합니다, 고맙습니다, 실례합니다.

❺ 실례합니다.

일본어를 배울 때 사과의 표현을 스미마셍すみません으로 배우는데, 일본에서 사과할 때 이렇게 말하지 않는다. 표정이나 높낮이 그리고 분위기에 따라 해석이 다르고, 한국식 표현으로 "저기요, 잠깐만요"라고 하는 상황에서 쓰이는 말이다. ❺번은 크게 미안한 일이 아닐 때 사용한다.

또한 비즈니스에서 제안을 했을 때 상대가 '검토해보겠습니다'라고 대답했다면 거절에 가까운 뉘앙스라 생각하면 된다. 내가 일본인들에게 왜 검토해본다는 말이 거절에 가까운가 물었더니 "그럼 그 자리에서 거절을 합니까? 나중에 연락을 안 하면 되죠"라고 했다.

직접화법에 익숙한 한국인으로서 간단히 본인의 감정을 전하면 되는데 빙빙 돌려서 이야기해야 하니 참 피곤한 나라라는 생각이 틀렸니. 일본인들이 왜 이런 화법을 쓰는지 물어보니 과거 사무라이들이 본인의 뜻에 거슬리면 즉각 칼을 뽑아 들어 휘둘렀기 때문에 가능하면 화근을 만들지 않기 위해서라고 한다.

내 뜻과 상대방의 뜻이 다른 경우, 그 자리에서 "그건 틀렸어!"라고 이야기하면 상대방은 불쾌해질 수밖에 없는데 그렇게까지 자기 의견을 주장할 필요가 없기 때문이라는 의미도 되겠다. 어떤 의미에서 상대방의 자존심을 지켜주는 어법이기도 하다. 상대방이 무리 없이 빠져나갈 길을 만들어주기 위해 끝까지 추궁을 하지 않는 것이니 말이다.

그러고 보니 일본과 맺은 수많은 외교 협상 중에 중요한 협상의 대부분은 늘 마찰을 빚어왔다. 협정을 체결하고 뒤돌아서서 서로 '그런 이야기를 했다, 하지 않았다'라고 싸우는 모습을 하루 이틀 봐온 것이 아니다.

"

일본과 외교 또는 비즈니스 협상을 할 때 통역은 직역이 원칙이라 뉘앙스를 파악하기 어려울 수 있으니 주의 깊게 대화하자. 또 대화를 할 때 너무 나의 논리만 내세우지 말고 상대방을 존중하는 어법도 전체적인 화합을 해치지 않기 위한 하나의 방편이 될 수 있다는 점을 명심하자.

내부지향의 일본인 외부지향의 한국인

일본 외무성 자료에 따르면 2019년 일본 국민 중 유효한 여권을 소지한 사람이 총 29,981,776명이라고 한다. 일본 총무성 인구조사통계에 따르면 (2019년 12월 1일 기준) 일본의 인구가 1억 2615만 명이라고 하니 전 국민의 23.7%의 국민이 여권을 소지하고 있는 것이다.

한편 대한민국 외교부의 발표에 따르면 한국 국민 중 유효한 여권을 소지한 사람이 총 32,619,765명이고, 행정안전부에 따르면(2019년 10월 31일 기준) 총 인구수는 51,349,128명이므로 63.5%의 국민이 여권을 소지하고 있다고 볼 수 있다.

단순히 여권을 가지고 있는 것만으로 해외여행 경험이 있다고 보긴 어렵지만, 특별히 비용을 들여서 여권을 만들 필요가 없는 현실을 고려하면 여권 소지자는 해외여행 경험이 있다고 판단해도 무방할 것이다.

급변하는 세계의 흐름에 적응하기 위해서는 해외로 나가 세계의 정치, 경제, 역사, 문화 등을 직접 눈으로 보고 체험할 필요가 있지만, 일본인들은 본인들의 삶의 영역 안에서 벗어나는 것에 대해 무척이나 보수적이다.

최근 일본의 지방 대학 교수로부터 해외는 고사하고 고향을 떠나 일본 내 다른 곳으로 취업하러 가는 것조차도 꺼리는 젊은이들이 늘고 있다는 충격적인 이야기를 들었다. 또한 어렵게 취업한 기업에서 해외나 지방 발령이 나면 퇴사하는 사례도 적지 않다고 하니 참 독특한 사람들이란 생각이 든다.

어릴 적 일일생활권이라는 말을 들은 기억을 떠올려본다. 경부고속도로가 개통되어 서울에서 제일 멀다는 부산까지도 당일 왕복이 가능하다는 이야기였지만, 지금은 비행기로 24시간 이내에 전 세계 어디든 갈 수 있는 세상이 되었고 지구촌 규모로 경제가 통합되어가는 상황에서 말할 나위도 없이 내부지향보다는 외부지향이 필요한 때다.

어떤 현자의 말처럼 '21세기는 Know How만 가지고 있으면 성공하는 세상이 아니라, 사업에 필요한 Know How를 가진 자가 어디에 있는지 찾아낼 수 있는 지식 즉 Know Where가 중요하고, 그러한 것들을 누구에게 물어보아야 하는지 Know Who를 아는 능력'이 더욱 중요하다.

제 4 장

일본에서 한국의 미래를 보았다

공존과
전망

日本
觀察

비즈니스는 한일 관계를 따른다

얼마 전 일본의 IT대기업 임원인 지인으로부터 연락이 왔다. 일본 정부의 주요시설물 관리에 필요한 시스템을 찾고 있는데 일전에 한국 출장길에 소개받은 한국 기업의 솔루션이 제격인 것 같다며 구체적인 제품 소개 및 관련 자료를 받고 싶다고 했다.

그가 필요하다는 자료를 찾아서 보내고 연락을 했다. 원하는 자료가 맞는지 물어보니 상당히 흡족한 목소리로 이 정도의 다양한 기능과 사용의 편리성을 갖춘 제품은 일본에서는 찾아보기 힘들다고 했다. 정말 기쁘고 반가운 이야기였다. 한국 중소벤처기업 제품을 일본의 IT대기업 임원이 이렇듯 사심 없이 높이 평가해주니 말이다. 그런데 반전이 있다.

"요즘 한국 정부와 일본 정부의 사이는 좀 어떤가요?"

"글쎄요. 제가 그걸 어찌 알겠습니까? 뭐가 문제가 되나요?"
라고 대답하며 내가 되물었다.

"아니, 제품은 정말 좋은데 한국산이라고 하면 일본 정부 관
    계자들이 어떻게 반응할지 걱정이 되네요. 일본 정부에 제품
    소개는 하겠지만, 정치적인 문제 때문에 검토해줄지 잘 모르
    니 큰 기대는 하지 마시고요."

양국 정부의 외교적 관계와 비즈니스가 무슨 관계가 있을까라
고 생각하기 쉽지만 안타깝게도 현실은 그렇지 않다.

일본은 지금 4차 산업혁명 시대를 맞이하여 사회적 혁신을 이
루고자 정치, 경제, 사회, 문화 각 분야에서 활발하게 변신을 꾀
하고 있다. 일하는 방식의 혁신이나 쉐어링 비즈니스 그리고 IoT
산업 분야에 막대한 예산을 투입하여 전 방위적으로 사업을 추진
하고 있다.

그러나 일본 내에는 세계적인 정보기술 패러다임에 걸맞은 솔
루션을 개발하는 기업을 찾아보기가 참으로 어렵다. 돌다리도 두
드려 보고 건너는, 본래 리스크를 싫어하는 국민성을 가지고 있
어서 유능한 인재들은 대기업이나 공무원 등 안정적인 직업을 택
하는 탓에 창업을 하는 벤처기업가들이 드물다. 또한 창업하여

훌륭한 제품을 개발한다고 해도 벤처기업이 개발한 제품을 정부나 대기업이 채용해주는 사례는 좀처럼 찾아보기 힘들다.

'국가의 정보화 수준이 혁신 수준과 비례한다'는 말이 있다. 즉 IT가 기존의 산업과 융합되어 발전하는 IT융합 시대에 행정 분야나 의료, 교육, 금융 등의 공공분야를 비롯, 각종 산업 분야에 IT기술이 뒷받침되지 않으면 각 분야의 혁신적 변화를 이루기 어렵다는 의미다.

일본이 IT기술을 기반으로 하는 국가가 되기 위해서는 전 분야에서 혁신이 이루어져야 하는데 이를 뒷받침할 만한 기술과 개발에 투입되어야 할 엔지니어가 턱없이 부족하고, SI기업들의 개발생산성이나 기술 수준도 그리 높지 않아 안정적인 사업 추진에 문제가 되고 있다.

"

객관적으로 우리나라 기업들의 각종 솔루션은 일본 내에서 충분한 경쟁력을 보유하고 있지만, 일본을 상대로 비즈니스를 하기 위해서는 유능한 인재 확보와 제품의 경쟁력을 높이는 것뿐만 아니라 '일본 고객들의 한국 제품에 대한 이미지 쇄신'이 필요한 시점이다. 이러한

본에 한국 기업들이 본격적으로 신출하기 위해서는 한일 관계 개선과 협력을 위한 한국 정부의 외교적 노력도 상당히 중요하다.

02

라인이 일본에서 성공한 3가지 이유

주변의 벤처기업 대표들을 만날 때마다 "올해 실적은 어떻습니까?"라고 물으면 대답이 아닌 한숨이 돌아온다. 대답은 듣지 않아도 예상이 가능하다. 국내시장은 좁고 경쟁자들은 많고 뛰어난 성능으로 차별화를 꾀해 보지만 그것도 잠시뿐 금세 비슷한 성능의 제품들이 우후죽순 나온다. 그러면 마지막으로 남은 방법은 '가격 경쟁력'뿐이다. 이른바 제 살 깎기 경쟁에 뛰어들다 보면 흑자 경영은 요원한 이야기가 되고, 적자가 쌓여가면서 점점 더 어려워진다.

많은 경영자들은 이러한 상태에서 벗어나기 위해 해외시장 개척에 눈을 돌리는데, 그중에서도 제일 쉬워 보이는 곳이 일본 시

긴인 듯하다. 저거려오교도 가깝고 우리의 정치, 경제, 사회, 문화 등 많은 부분에서 흡사한 점이 많고, 세계 경제대국 3위이고 시장 규모도 커서 우리나라 시장보다는 훨씬 매력 있어 보이는 것이 당연하다.

하지만 2000년 이후 일본 시장의 문턱을 두드려 현지 파트너를 확보하거나 직접 수출에 성공하여 화려한 스포트라이트를 받으며 승승장구하는 것처럼 보인 회사는 많았지만, 되짚어보면 한국의 IT기업 중에 대기업, 중소기업을 막론하고 일본 내에서 자리를 잡았다라고 평가할 수 있는 회사는 네이버의 일본 자회사인 라인밖에 없다.

이유가 무엇일까? 우리 솔루션이 일본 시장 내에서 경쟁력이 없어서일까? 아니다. 한국 제품은 대부분 가격 경쟁력과 뛰어난 성능을 보유하고 있어 이론적으로는 승산이 충분하다.

그래서 한국 기업들이 일본 내에서 성공하지 못한 이유는 '일본 시장의 공략 방법'에 문제가 있는 것은 아닐까라는 생각을 하게 되었다. 최근 일본에서 출간된《한류경영 LINE韓流経営 LINE》을 보면 라인이 일본에서 성공한 이유가 나와 있다. 이 내용과 필자의 현장경험을 바탕으로 한국 기업의 일본진출 전략에 커다란 결함이 있다는 것을 발견했다.

○ 라인의 성공요인 3가지

1. 한국에 솔루션(비즈니스 모델)이 있었다.

2. 일본의 유능한 경영자 및 엔지니어가 제품을 현지에 맞게 업그레이드시켰다.

3. 일본인들은 라인이라는 서비스가 Made in Japan이라 믿고 있다.

타 기업의 일본 진출과 무엇이 다른지 비교해보자. 당연히 일본보다 앞서 있는 한국 기업의 솔루션은 일본에 진출하면 일본 시장 내에서 경쟁력이 있다. 하지만 두 번째 이유인 라인을 이끌어가는 경영자부터 영업 및 개발자에 이르기까지 유능한 일본 직원들이었다는 점에서 한국의 다른 기업의 접근방식과 차이가 있었다.

매우 보수적인 국민성을 가진 나라인 일본에서 한국 기업이 유능한 일본인 인재를 채용하는 것은 참으로 어려운 일이다. 대체로 일본인들은 규모가 작은 벤처기업 등에 취직하려 하지 않는다. 물론 일본의 명문대 출신의 잘나가는 젊은이들이 만든 회사라면 조금 이야기는 다르지만 말이다. 특히나 미국이나 유럽의 선진국 기업도 아닌 한국 기업에 취직할 유능한 일본인은 드물다.

일본에 진출한 대부분의 한국 기업은 많은 비용을 투자해 유능한 인재를 모집하려 하지만 원하는 실력을 갖춘 직원을 채용하기란 쉬운 일이 아니다. 그럼 라인은 어떻게 가능했는가?

《한류경영 LINE》에 의하면 네이버가 일본 사업에 실패하고 천수를 고려할 무렵, 일본의 유명한 인터넷 벤처기업이었던 라이브도어가 분식회계 등으로 인한 경영자의 구속으로 회사 경영이 어려워져 시장에 매물로 나오게 되었고 네이버가 그 회사를 인수하게 되었다고 한다. 그 과정에서 회사와 동시에 경영자 및 개발자 등 유능한 일본인재들을 함께 확보하게 된 것이다.

성공요인 중 마지막이 가장 눈에 띄는데, 라인이라는 회사가 한국 기업 네이버의 자회사라는 사실을 아는 일본인이 극히 드물다는 점이다. 라인을 일본 회사로 알고 있는 일본 소비자가 많다는 뜻이다. 정말로 가슴 아픈 현실이지만 일본 내에는 '코리아 리스크'가 존재한다. 한일 관계의 부침에도 많은 영향을 받긴 하지만 일본 소비자들은 아직도 한국 제품을 일본 제품의 카피로만 보고, 또 한국을 인정하고 싶지 않은 마음도 있는 것이 현실이다. 우리에게 일본을 인정하고 싶지 않은 마음이 조금은 있듯이 말이다.

세계 시장을 석권하는 삼성의 갤럭시나 현대자동차가 일본 시장에서 맥을 못 추고 철수한 이유도 일본 제품에 비해서 성능이나 가격 등에서 밀리기 때문이 아니라, 일본 소비자들의 마음속 깊은 곳에 도사리고 있는 한국 제품에 대한 인식 즉 '코리아 리스크'를 불식시키는데 실패했기 때문이다.

혹자는 이러한 현실을 두고 일본 제품은 품질이 좋고 한국 제품은 품질이 떨어지기 때문이라고 자학적인 이야기를 하지만, 10년

이상 일본의 IT기업들을 상대해 본 경험으로는 적어도 소프트웨어 부문에서 한국 기업과 일본 기업의 품질 수준은 대동소이하다. 아니, 우리나라 제품이 더 우수할 수도 있다. 하지만 대다수의 일본 소비자들은 그렇게 생각하지 않는다.

예전에 홍수환, 유재두 권투선수가 활약하던 시절, 세계챔피언전을 어웨이 경기(팀의 근거지를 떠나서 하는 경기)에서 치루면 우리나라가 분명히 이긴 것 같은데 뚜껑을 열어보면 판정패를 당하여 분개했던 기억이 떠오른다. 이와 같은 논리라고 생각하면 이해가 쉬울 것 같다. 우리가 일본 시장에서 성공하려면 일본 제품을 비약적으로 뛰어넘는 성능과 이미지 전략이 필요하다.

그럼 한국의 중소기업들이 일본 진출에 성공하려면 어떻게 해야 하는가? 아마도 왕도는 없을 것이고, 섣불리 일본 진출을 추진하기보다는 장기적인 일본 진출 전략을 수립하고 유능한 인재를 구하는 노력 혹은 자체적으로 육성하는 방법을 고려해야 할 것이다.

또한 한국 정부도 벤처기업의 일본 진출을 지원할 때 눈앞의 성과를 전제로 지원하기보다는 거시적인 시각으로 일본 시장을 분석하고 일본에서 유능한 인재를 구할 수 있도록 지원하는 방안을 강구해야 할 것이다.

최근 일본 IT기업들의 재무제표를 분석해 보면 경영 상태가 악화되어 가고 있다. 디지털혁명의 바람이 세계를 휘몰아치는 이 시점에 일본의 IT기업들의 주 수입모델은 어김히 인력 파견이다. 또한 일본의 경제가 침체되고 시장 규모가 축소되어가는 상황에서 정보화 분야도 점차 수요는 줄어들고 가격 경쟁이 심화되면서 더 이상 이제까지의 비즈니스 모델에 의지해서 살아남을 수 없게 되었기 때문이다.

"

이런 이유로 일본은 원하든 원하지 않든 생산성 향상 혹은 디지털 트랜스포메이션을 꾀하지 않고는 살아남을 방법이 없고, 한국의 기술과 시스템 등은 일본의 훌륭한 동력이 될 수 있다. 한국과 일본의 기업은 대체재가 아닌 보완재로서 함께 윈윈관계를 구축해야 한다.

03

기회는 바로
지금이다

2005년, 일본 전국을 돌아다니며 전자정부의 혁신에 대해 강의하던 중 사가현 사가시청의 기노시타 토시유키 시장을 만난 적이 있다. 농림수산성의 관료를 퇴직하고 기초자치단체인 사가시장 선거에서 당선된 그는 최연소 현청소재지 시장이었고, 샤프한 외모에 혁신적인 사고를 가지고 있었다. 그는 내 강의를 들은 후에 일본의 전자정부 추진의 문제점에 대해 공감하는 바가 많다면서 본인이 당면한 문제에 대해 이야기했다.

"사가시청은 NEC의 ACOS 기종(메인프레임)을 사용하여 기간 행정업무를 처리하고 있습니다. 이 시스템은 5년 단위로 임차해서 사용하고 있고 재임차계약이 1년 남짓밖에 남지 않아 입찰을 통해 재계약을 체결하려고 하는데 기존 벤더인 NEC이 제안이 여러 가지로 납득이 가지 않습니다. 검토 부탁드립니다."

벤더의 제안내용을 살펴보니 인구규모 17만의 작은 도시의 주민등록정보 등을 포함한 행정정보시스템을 납품하는 것도 아니고 5년간 임차하는데 그 비용이 13억 엔이었고, 새로 제안하는 시스템의 아키텍쳐가 메인프레임에 코볼이었다. 당시 아키텍쳐는 유닉스, 자바, 웹시스템이 일반적이었는데 오래된 메인프레임에 코볼을 제안한다는 것이 도무지 이해가 되질 않아 그대로 이야기하니, 시장은 조만간 공식적으로 신시스템 구축을 위한 컨설팅사업자 선정을 하니 그때 응모하여 최적의 시스템을 제안해 달라고 했다.

우리 회사는 컨설팅사업자 선정에 응모하여 미국계 컨설팅사업자를 물리치고 선정되었다. 당시 우리 회사에서 제안한 것은 다음과 같았다.

1. 최신 아키텍쳐를 사용하겠다.
2. 사가시의 기업들에게 기술을 이전하여 유지보수나 신규개발 등을 사가 시내의 중소기업들이 수행할 수 있도록 하겠다.
3. 시스템의 소유권을 시청이 갖게 하겠다. 그래서 5년 단위로 막대한 비용 투자와 조달을 반복하지 않아도 되도록 하겠다.

일본의 관공서는 시스템을 도입할 때 대부분 구입하지 않고 임대하는 방식을 쓴다. 흔히 임대라고 하면 저렴할 거라고 생각하지만, 비용 자체는 구입하는 것과 큰 차이가 없을 만큼 고가이다. 이러한 관행으로 인해 시스템 도입 후, 매년 법 개정이나 기능 변경 및 추가 등으로 인해 시스템 개발을 하게 되면 소위 저작권을 가지고 있는 벤더만이 유일하게 시스템 입찰에 참여하여 개발 비용을 좌우할 수 있는 무소불위의 파워가 생기는데 이를 일본에서는 '벤더록인Vendor Lock In'이라고 부른다.

더군다나 일본의 공무원제도에 중앙정부나 지방정부를 막론하고 기술직 공무원직제는 있으나 IT부문의 전문가는 없다. 소위 전산부서 공무원들은 일반직으로 채용된 것이라 IT 관련 기초 지식이 전혀 없다. 그래서 각종 시스템 조달 시에는 기존 업체들의 도움을 받지 않으면 조달사양서를 작성할 능력도 없고, 시스템 조달 후에도 프로젝트 관리는 물론 검수 후 유지보수 단계에서도 관리감독자로서 아무런 권한을 행사할 수 없는 것이 현실이라서 IT벤더가 멋대로 견적을 내고 횡포를 부려도 아쉬운 소리를 할 수밖에 없는 것이 현실이다.

이러한 상황에서 우리 회사가 제안한 방식으로 신시스템을 조달하는데 여러 장애물이 있었다. 최신 아키텍쳐를 조달하려고 일본 내의 IT벤더들로부터 견적을 받아 보았더니, 시청의 예산인 13억 엔을 훌쩍 넘은 평균이 20억 엔이었다. 또한 벤더들이 제안한 시스템은 최신 아키텍처가 아닌 클라이언트 서비형식이 대부분이었고, 자바 버전으로 개발하는데 최소 3년 이상이 걸린다고 했다.

이 중 가장 큰 문제는 시스템을 납품한 후 판매가 아닌 임차를 고집하는 것이었다. 이는 프로그램 소스코드를 공개하지 않겠다는 것이며, 향후 유지보수를 할 때 독점적 지위를 유지하겠다는 것이다. 이는 곧 우리 회사가 사가시청에 제안한 지역업체의 기술 이전은 불가능하다는 것을 의미했다.

무엇보다도 5년 단위의 임차를 한다면 간단하게 계산해보아도 5년간 20억 엔, 10년이면 40억 엔, 15년이면 60억 엔이 나왔다. 시청이 벤더로부터 시스템개발 종료 후 기술을 이전받아 설계서와 소스코드를 소유하고, 지속적으로 버전업을 통해 늘 새로운 시스템을 유지하며 오랜 기간 사용할 수 있도록 하겠다는 계획은 좌초될 수밖에 없는 위기였다.

관행대로라면 입찰로 진행을 해도 기존 일본 업체들이 다시 선정될 것이 분명했다. 고민 끝에 내린 결론은 한국 업체의 참여를 유도하여 일본 업체들 간의 담합을 방지하고 새로운 관행을 만드는 것이었다. 물론 한국 기업의 일본 진출을 도울 수 있는 좋은 기회이기도 했다.

여러 난관을 돌파한 끝에 삼성 SDS가 입찰자격을 얻을 수 있었고, 공정경쟁 입찰을 통해 주 사업자로 선정되어 시스템 개발이 완료되었다. 일본 내에서 최초로 만들어진 최첨단 시스템, 최초로 한국 기업이 만든 지자체 기간시스템, 최초로 시스템저작권이 지자체에 넘어온 시스템, 최초로 지역업체에 기술 이전이 끝나서 개발업체가 얼굴을 내밀 필요가 없는 시스템 등 화제를 불러일으킨 이 시스템은 오늘도 여전히 일본 내 최첨단 시스템으로 인정받으며 11년째 가동 중이다.

작은 우리 회사가 일본 지자체의 전자정부구축 주 사업자로서 한국을 대표하는 삼성 SDS를 일본 땅으로 불러내서 프로젝트를 완수할 수 있도록 유도하는 것도 쉽지 않았지만, 진짜 어려움은 다른 곳에 도사리고 있었다.

일본의 경우 기존 벤더가 아닌 타 벤더가 신시스템을 수주하여 구축하는 경우, 기존 시스템으로부터 데이터를 받아야 하는데 고객을 빼앗긴 기존 업체로부터 도움받는 일은 매우 어려운 과제였다.

일본에는 '테기레킨手切れ숲'이라는 속어가 있다. 주로 야쿠자들이 사용하는 말로 자신들의 구역(나와바리)을 다른 조직에게 넘겨줄 때 받아내는 권리금 같은 것인데 유감스럽게도 IT업계에도 비슷한 일이 벌어지고 있다. 새로운 업체로 교체되는 것을 기존 업체가 막는 케이스가 많아, 새로운 회사는 기존 업체에게 여러 가지 형태로 금전적 이익을 제공하고 협력을 구하는 것이 일반적인데 이때 지불하는 돈을 테기레킨이라고 한다.

사가시청 프로젝트의 경우는 이러한 업계의 불합리한 관행에 저항, 소위 기존 업체에 테기레킨을 지불하지 않아 실패로 끝날 가능성이 높았지만, 산전수전 공중전까지 온갖 수난을 견디어 내고 프로젝트를 성공시켜 일본 내에서 충격적인 사건으로 회자되었다.

또 'IT제네콘(종합건설사업자라는 뜻으로 건설회사처럼 기술보다는 외주와 하청을 이용하여 돈을 버는 회사라는 의미로 쓰임) vs. 지자체'라는 제목으로 방송되어 일본 IT기업의 병폐를 적나라하게 드러냄과 동시에 한국 기업의 일본 공공시장으로의 진출로도 화제가 되었다. 이를 계기로 우리 회사는 일본의 공공분야에서 일약 유명세를 탔지만, 필자는 일본 IT기업들로부터 공공의 적이 되었다.

또한 일본의 고객들에게 기존의 조달방식이 세계 시장에서 바라볼 때 극히 비정상이었다는 것과 일본의 IT기업들의 시스템 개발 수준이 형편없이 낮다는 사실을 각인시키는 계기가 되었다는 점에서 높이 평가되어, 필자는 일본 사회정보시스템학회가 수여하는 사회공헌상도 수상할 수 있었다.

이후 일본 정부의 정보시스템 개혁검토위원회위원으로 위촉되어 일본 IT 조달시장에서 벌어지고 있는 불편한 진실을 가까이 할 수 있었다. 상기 위원회에서 조사하여, 매년 일본의 중앙부처와 지방자치단체가 기존 시스템의 유지보수에 쓰는 비용이 통계에 잡힌 부분만 연간 1조 엔이 넘는다는 것과 벤더록인으로 인해 신규 사업자의 시장 진입은 거의 불가능하다는 사실, 이로 인해 막대한 전자정부 관련 예산이 정부 혁신에 투입되는 것이 아니라 기존 벤더들의 나눠 먹기에 쓰이고 있다는 사실도 만천하에 드러났다.

그러나 한국에서는 일본이 처한 이러한 현실을 전혀 이해하지 못하고, 그동안 한국이 일본을 배우면서 성장해왔다는 사실을 전제로 무조건 선진국 일본을 배워야 한다고 목청을 높이는 일본 편향주의적 사고방식을 가진 사람들이 있어 일본의 현실을 파악하는데 아직도 오류가 많다.

'일본을 잘 안다'는 이들로 인해 일본의 전자정부 사업을 포함한 모든 분야에 있어서 일본이 추진하는 일은 뭐든지 성공적이고, 우리나라가 추진한 일은 뭐든지 잘못되었다는 왜곡된 정보는 일본의 IT업체의 기술 능력을 막연하게 과대평가하게 하여 우리나라 기업들의 일본 시장 진출 전략에 있어 막대한 기회 손실을 초래했다.

결론적으로 '일본은 옳고 한국은 그르다'는 표현도 '한국은 옳고 일본은 그르다'라는 표현도 맞지 않다. 일본은 일본대로 한국은 한국대로 각자에 주어진 생태계 환경에 맞추어서 진화를 거듭해가고 있는 것이 현실이다.

"

일본의 지금은 대한민국이 전자정부 추진을
시작했던 1998년 상황과 너무도 닮아 있고,
이제 막 본격적인 정보화를 시작하고 있어 지
금이 한국 기업들이 진출하기 가장 좋은 천재
일우의 기회이다.

04

답은
마케팅이다

'호랑이보다 곶감이 무섭다'는 속담이 있다. 아이가 투정을 부릴 때 "호랑이가 온다" 해도 울음을 그치지 않았지만 "곶감을 준다"는 말에 울음을 뚝 그쳤다는 이야기에서 유래되었다.

요즘 일본 시장 진출에 관한 문의를 해오는 기업 관계자들이 많다. 일본 시장 진출에 대해 이야기하면 이구동성으로 "뿌리 내리기가 너무 어렵다"고들 한다. 일본 시장이 까다롭기는 하지만, 시장이 원하고 경쟁력이 있는 제품이 왜 일본 진출에 실패했을까? 그들은 입을 모아 일본 전문가에게 적지 않은 비용을 투자하고 노력했지만 일본 시장의 폐쇄성 등을 실패의 원인으로 꼽는다.

한국 IT기업은 잡초와 같은 강한 생명력을 가지고 있고 세계 시장에 내놓이도 손색 없는 좋은 제품을 만들고 있다. 곱니곱은 한국시장 규모와 기업 성장에 반드시 필요한 자금과 인재 확보 등의 문제 그리고 대기업들의 불공정한 거래행태, 고객들의 수입품 선호 등 여러 가지 불리한 환경에서도 죽기 살기로 경쟁하여 살아남은 것만으로도 훌륭하다. 이런 기백과 근성이 있는데 일본에서 살아남지 못할 이유가 없다.

하지만 일본 시장 진출이 그리 쉬운 일은 아니다. 자국에서도 어려운 시장 개척이 생면부지 남의 나라 땅에서 잘 풀릴 리가 만무하다. 누구나 일이 잘 안 풀리면 남의 탓, 환경 탓을 하기 쉽다. 하지만 남의 탓만 하고 자신의 잘못을 인정하지 않으면 변화의 기회를 잃어버리게 된다.

단적인 예로, 세계 시장에서 일본의 차들과 어깨를 나란히 하는 현대자동차가 유독 일본에서만 부진한 이유가 뭘까? 현대자동차는 오래전 일본 시장에 승용차로 도전장을 내밀었지만 철수했었고, 수년간 와신상담 끝에 버스로 다시 진출하여 나름 성과를 내고 있다. 그 사이 어떤 점이 달라졌을까? 브랜드? 품질? 가격? 아니다. '마케팅 전략'이 달라졌다.

얼마 전 일본인 친구에게 질문을 받았다.

"한국 LPGA선수들은 왜 그렇게 강할까요? 그에 비해 일본 LPGA선수들의 활약은 미미합니다. 왜 현격하게 성적이 차이가 날까요?"

한국 선수와 일본 선수의 실력 차이가 많이 나는가?

한국 선수에게는 헝그리 정신이 있고 일본 선수들은 나약한 가?

둘 다 아니다. 2018년, LPGA 투어에 진출하여 브리티시 오픈에서 고진영 선수가 3라운드까지 선두를 달리다가 4라운드에서 박인비 선수에게 우승을 내주고 2위를 했던 일이 있었다. 당시 고진영 선수의 인터뷰를 보고 데뷔 첫 시합인 브리티시 오픈에서 뛰어난 성적을 낼 수 있었던 이유가 납득이 갔다. 바로 고진영 선수와 함께한 캐디 이야기였다. 고진영 선수는 당시 브리티시 오픈개최지 근처에서 활동 중인 캐디를 고용했다고 한다.

캐디 면접에서 고진영 선수는 캐디에게 이렇게 말했다고 한다.

"나는 골프공을 보내고 싶은 곳에 자유자재로 보낼 수 있는 기술이 있습니다. 당신은 브리티시 오픈 경기를 하는 골프장의 코스를 정확히 이해하고 있다고 들었습니다. 매 홀마다 어디에 골프공을 떨어뜨려야 가장 유리한지 당신은 알고 있을 것이고, 나는 그곳으로 공을 보내면 우리는 승리할 수 있을 겁니다."

직접 캐디 면접을 보려면 자유롭게 의사소통을 할 수 있는 영어 실력이 기본이다. 일본 LPGA선수가 미국에 진출할 때 함께 일할 캐디를 채용할 때 제1조건이 일본어 구사 능력이라고 한다. 물론 다른 훌륭한 능력들도 갖추었으니 우리나라 선수들이 맹활

야즈 할 수 있겠지만 적어도 일본에 비해 앞서 실력만큼은 출중한 듯하다. 이렇듯 승리의 비결은 우리가 일반적으로 생각하는 것이 아닌 다른 곳에 숨어 있을 수도 있다.

같은 맥락에서, 과거에 현대자동차가 일본의 승용차 시장 진출에 실패한 이유 중 하나는 '자동차 영업사원'일 것이다. 당연히 현대자동차에서도 일본 진출 후 도요타나 혼다 등 일본차를 팔던 사람들을 영입하려고 했을 것이다. 하지만 이들은 현대자동차로 이직하면 동료들에게 배신자 소리를 듣지 않을까 걱정도 되고, 현대자동차의 일본 시장 안착을 의심했을 터이니 아마도 입사를 꺼려했을 것이다.

이러한 이유로 결국 벤츠나 아우디 등 외제차를 판매하던 사람들이 현대자동차로 영입되었을 것이고, 그들은 서서 파는 영업이 아니라 앉아서 파는 습관에 물들어 있어 기존 방식을 고수했을 것이다. 벤츠와 BMW 혹은 아우디를 구입하는 고객과 현대차를 선택하는 고객의 니즈는 다를 것이다. 그런 고객들을 만나서 고급차를 팔듯이 영업을 하면 누가 현대차를 구입하겠는가?

일본에 살면서 닛산의 티아나라는 차를 탔었다. 삼성르노사의 SM5, SM7과 차체가 같다고 들었다. 차량을 구입하자 한 달에 한 번 영업사원이 전화를 하고 집에 찾아왔다. 차량 상태는 어떤지, 오일 교환은 안 해도 되는지, 불편한 점은 없는지 묻고, 연말이면 달력을 가져오는 등 그렇게 열심히 챙길 수가 없다.

한국차도 품질이 좋아졌겠지만, 일본차도 못지않게 성능이 좋아져 수년간 차량 점검을 안 해도 전혀 문제가 없었다. 그러던 어느 날 일본 TV에 현대자동차의 그랜저 광고가 눈에 들어왔다. 광고라서 그런지 상당히 멋있었다. 이제 우리나라의 고급차가 자동차 강국 일본에서 팔린다는 것 자체가 매우 자랑스러웠다.

문득 '한국인인 내가 국산차를 선택하지 않는다면 일본인들이 한국차를 사겠는가'라는 생각이 들어 도쿄 내의 신바시에 있는 현대자동차 매장에 들렀다. 살펴보니 일본차보다 가성비도 훌륭하고 성능도 좋아 보여 바로 구매계약을 했다. 2주 후, 차량 인도를 해주겠다는 연락이 왔다. 현대자동차의 영업사원은 일본인이었는데 오랫동안 크라이슬러 일본법인에서 영업을 했다고 한다.

차를 받아 보니 카스테레오가 대시보드와 맞지 않아 플라스틱 사출로 홈을 메우기 위한 프레임이 별도로 만들어져 있었는데 고정되어 있지 않아 손으로 잡아당기면 쏙 빠졌다. 황당하여 영업사원에게 문의하였다.

"고급 차종인데도 순정품인 카스테레오가 규격에 안 맞는다고 흔들거리는 플라스틱 사출물을 끼워서 팝니까? 임시방편도 아니고요."

"원래 한국차는 수준이 이렇습니다."

설명을 듣는데 한국차 수준을 비하하는 듯한 느낌을 받았고,

본인이 한국차를 팔고 있는 게 아니라 팔아주고 있다고 하는 게 아닌가. 문제가 생겨 본사에 이야기해도 고쳐주질 않는다는 말도 덧붙였다.

차량을 인수받고 일주일 후에 광택코팅을 하고 싶어 전화를 다시 했다. 마침 외출 중이라기에 번호를 남겼지만 전화가 오지 않았다. 이후, 일본 영업사원처럼 한 달에 한 번, 아니 차량을 구입한 지 3년이 되어가는 시점까지 단 한 번도 전화가 오지 않았다.

그런데 이번에는 현대자동차가 일본에서 철수한다는 소식이 전해졌다. 그리고 앞으로 승용차를 팔지 않는다고 했다. 자동차를 팔아놓고 3년도 되지 않아 일본 시장에서 철수하면 현대차를 산 사람들은 어떻게 하라는 말인가? 중고로 차를 팔려고 해도 차량 정비가 가능해야 한다. 일본에서 한국차의 성공을 기원하는 마음으로 일본차를 팔고 한국차를 선택한 한국인 소비자로서 실망이 컸다. 철수 명분은 '일본 시장은 고객들이 까다로워서' 혹은 '일본인들이 애국심이 깊어서 시장 개척이 힘들다'였다.

하지만 일본인에게 '애국심'이라는 말 자체가 터부시되고 있다. 다음은 2005년, 세계가치관조사에서 세계 25개국을 대상으로 조사하여 발표한 내용이다. 조금 오래된 자료지만 큰 변화는 없었으리라 생각하여 소개한다.

'적의 공격을 받는다면 당신은 나라를 지키기 위해 적과 싸우

겠는가?'

일본은 24위, 한국은 5위였다.

'당신은 당신의 나라 국민이라는 것에 자부심을 느낍니까?'

일본은 24위, 한국은 14위였다.

이처럼 일본인이 애국심이 투철해서 국산만 애용한다는 이야기는 전혀 근거 없는 소리다. 그렇다면 왜 현대의 승용차는 일본에서 팔리지 않았을까? 성능과 제품 경쟁력은 뒤떨어지지 않았겠지만, 열심히 팔아도 될까 말까한 시장에서 앞서 필자가 경험한 대로 영업을 했다면 잘 팔릴 수가 없다. 이러한 사고방식을 가지고 마케팅을 한다면 자동차든 IT제품이든 마찬가지다.

일본 시장은 무조건 폐쇄적이고 까다롭다는 선입견을 가지고 일본 시장을 바라보지 않는지 자문해보자. 고객만족, 고객감동으로 이익을 내는 것은 업종과 관련이 없다. 좋은 제품은 반드시 팔린다.

"

왜 일본인들이 한국차를 선택하지 않는지 제대로 시장조사를 하고 다시 도전해보기를 권한다. 부디 성공적으로 다시 일본 시장에 진출하여 한국인으로서 자랑스럽게 현대자동차를 탈 기회를 주었으면 한다. 또한 벤처기업 여러분들도 일본 시장 진출을 두려워하지 말고 치밀한 전략을 수립하여 반드시 일본 시장 개척에 성공하길 기원한다.

05

가발과
소프트웨어

머리숱이 조금씩 줄어들어도 크게 의식한 적은 없었는데, 처음으로 대학 강단에 서게 되어 수업을 녹화해서 보니 자꾸 신경이 쓰였다. 영상을 통해 강의를 들으면 강사 이미지도 수업에 집중하는데 영향을 줄 것 같아 고민하던 차에 지인에게 한국에 가발을 잘 만드는 곳이 있다고 하여 소개받게 되었다.

난생 처음 가발을 써보는 것이라 어색했지만 싫지는 않았다. 머리가 빠지지 않았더라면 이런 모습이었겠다 생각하니 웃음도 나왔다. 금액을 물어보니 50만 원 전후였고 무난한 가격이라 바로 주문할까 하다가, 조금 생각해보겠다며 가게를 나왔다. 곰곰이 생각해보니 가발 손질을 자주 해야 하는데 아무래도 거주하고 있는 일본이 ㅣㅏ ㅔㄹ 낏 낍있다.

귀국 후에 일본에서 유명한 아트네이처라는 가발전문점에 들렀다. 의사 가운을 입은 점원이 나와 조용한 방으로 안내했다. 몇 가지 문진 후 현미경을 들고 와서 두피와 모발 상태에 대해 자세하게 설명해 주었다. 그리고 아트네이처의 가발 품질과 제작 등에 관한 상담이 이어졌다.

"갑자기 가발을 쓰고 나타나면 주변 사람들이 가발인 것을 눈치채니까, 머리카락을 조금씩 늘려가는 방식으로 가발을 만들어 쓰는 건 어떠신가요? 점점 머리카락 수가 조금씩 늘어나다 보면 어느 시점에는 풍성해지니까 머리가 새로 난 줄 알 겁니다."

남의 눈을 의식하는 일본인들다운 생각이었다. 한국인들은 번거롭게 여러 번 나누어 착용하는 것보다 한 번에 변신하는 것을 선호한다. 역시 '다이내믹 코리아'다운 면모다.

상담을 마치고 견적서를 받아 보니 가발값은 50만, 매달 유지보수료 1만이었다. 한국과 가격은 비슷하구나 하는 순간, 화폐 단위가 '원'이 아니고 '엔'인 것을 깨달았다. 가발값 500만 원에 유지보수비 월 10만 원이면 한국에 비해 10배나 비싼 것이다. 놀라서 일단 다음에 다시 오겠다고 말하고 가게를 도망쳐 나오다시피 했다.

시간이 조금 지나, 한국에서 가발을 맞추기로 마음을 먹고 한국 출장길에 다시 가발전문점에 들렀다. 가발을 맞추러 왔다고 하니 점원이 의자에 앉으라고 하고는 편의점에서 주는 새하얀 비닐봉지를 하나 주며 머리에 뒤집어쓰라고 했다. 우스꽝스럽지만 시키는 대로 쓰고 양손으로 비닐을 잡아당겼다. 비닐이 늘어나 머리 모양이 드러나자 스카치테이프를 가져와 머리를 감싼 비닐봉투 위에 사정없이 붙여댔다. 금세 비닐봉투 위에 스카치테이프로 도배가 되었고 점원이 봉투를 벗으라고 하기에 벗었더니 비닐이 헬멧같이 고정되어 있었다. 비닐봉투와 스카치테이프로 가발틀을 만든다? 기발한 아이디어에 무릎을 쳤다. 점원에게 물었다.

"일본에서는 가발이 500만 원인데 한국은 왜 50만 원인가요? 그래서 수지타산이 맞나요? 일본은 왜 그리 비쌀까요? 가발은 어디서 만들죠?"

"저희 제품이나 일본 제품이나 만드는 공장은 중국이나 인도네시아에 있답니다. 가격 차이는 잘 모르겠고 저희는 이 정도 가격이면 수지타산을 맞출 수 있습니다."

한일 양국에서 비슷한 가발을 중국이나 인도네시아 공장에서 만들어 파는데 왜 가격 차이는 10배나 나는 것일까? 그럼에도 불구하고 우리나라는 수지타산이 맞는다는데, 일본의 가발업계는 경영난이라고 하니 이해가 가지 않았다.

한 달쯤 지나서 가발이 준비되었다는 연락을 받고 한국 출장길에 가발전문점에 들려 가발을 받았다. 긴 머리 가발을 착용한 상태에서 커트하여 자연스럽게 스타일을 만들어 나갔다. 헤어핀 가발을 쓴 상태로 적당히 커트한 것이라 제대로 이발이 되거나 머리를 감겨준 것도 아니어서 좀 엉성해 보였지만 다음 회의 약속 때문에 가게를 나섰다. 한동안 착용방법도 잘 모르고 어색하기도 했지만 서너 달 지나니 적응이 되면서 표시가 덜나게 가발을 착용하는 방법을 터득하게 되었다.

그런데 가발을 착용하면서 몇 가지 해결해야 될 문제가 생겼다. 먼저 가발을 보관할 장소였다. 자고 일어나면 머리가 헝클어지듯 가발도 벗어서 적당히 던져놓으면 되는 것이 아니라 머리만 있는 마네킹을 살까도 고민하다가 지금은 플라스틱 안전모 위에 보관한다.

"서너 달 쓰면 샴푸도 하고 손질도 다시 해야 하는데 어떻게 하지?" 고민하자, 아내가 유튜브에서 방법을 찾아보라고 했다. 특별히 내가 해오던 방법과 차이점은 없었고, 디테일에서 차이가 났다.

문득 한국 제품보다 10배쯤 비싼 일본가발은 어떻게 생겼을지 궁금해졌다. 실물로 확인은 못하고 영상에서 보니, 멋지게 디자인된 박스 안에 사람머리 마네킹과 그 위에 비닐로 포장된 가발이 씌워져 있었다. 이외에 기타 부속물로 가발 전용 샴푸와 린스, 빗 그리고 가발 손질 매뉴얼 및 동영상 등이 함께 제공되는 패키지 상품이었다.

일본의 가발공장의 작업 공정도 찾아보니 한국과 달랐다. 가발을 맞출 때 먼저 3D카메라로 고객의 머리를 찍어서 입체적으로 사이즈를 재고, 캐드 데이터로 만들어서 인도네시아나 중국의 전용 공장에 보내면 그것을 바탕으로 최첨단 기술로 완벽한 제품을 만든다는 설명이었다.

어떤 상품을 만들어 팔고 싶은가? 싸고 적당한 품질의 상품을 만들어서 팔겠는가, 아니면 비싸고 좋은 제품을 만들어 팔겠는가? 적당히 쓸 만한 제품으로 승부할 때는 지났다. 품질에 대한 인식의 허들을 높여서 이제는 세계 수준의 일류제품을 만들 때가 되지 않았나라는 생각을 해본다.

06

장애인이 우대받는 나라가 선진국이다

한국에 역사적 악행을 저지른 것도 일본인이었지만, 한국의 장애인들에게 전달될 휠체어를 정성 들여 손질하여 제공해준 이들도 일본인이었다.

사례 1

아침 7시 알람이 울리면 간단히 세면도구를 챙겨 큰아들 방으로 간다. 침대 신세를 지고 있는 아들의 얼굴을 깨끗이 씻기고 기저귀도 갈아주면서 하루를 시작한다. 잠시 후 8시가 되면 도우미가 도착해서 아들에게 아침을 먹여주고 양치질도 시켜준다.

아들은 초등학교 3학년에 근이영양증이라는 진행성 불치병을 진단받고, 매일 조금씩 근육이 파괴되어 초등학교 4학년 때는 휠체어 신세를 지게 되었다. 점점 근육이 상실되어 서른이 넘은 지금, 본인 힘으로 할 수 있는 일은 떠먹여주는 밥을 먹고, 억지로 앉혀 놓으면 겨우 키보드를 누르는 것이다.

처음 불치병을 선고받고 전신에 근육이 조금씩 사라져 심장 근육까지 영향을 미치면 스무 살 이전에 세상을 떠날 것이라는 의사의 청천벽력 같은 말을 들었을 때를 생각하면 지금도 눈물이 앞을 가린다. 일주일간 두문불출하면서 아무것도 할 수 없었고 오로지 신에게 기도하는 것밖에는 부모로서 할 수 있는 일이 없었다.

"전신 불구인 채로 침대 생활을 해도 좋으니 제 옆에서 데려가지만 말아주십시오."

신이 그 기도를 들어주셨는지 아들은 비록 인공호흡기를 달고 침대에 누워 생활하지만 지금까지 건강하다.

한국에서 창업하고 매년 성장세를 지속하던 1997년, 아들의 불치병 확진 이후 내가 부모로서 해줄 수 있는 게 무엇인지 깊은 고민에 빠졌다. 우리 부부가 살아 있을 때는 우리가 보살피면 되지만 우리가 떠난 뒤에는 누가 이 아이를 돌봐줄 것인가? 앞으로 아이가 중증장애인으로 살아가야 하는 어려움과 또 그 아이를 돌봐야 하는 부모로서의 고충이 어깨를 짓눌렀다.

고민 끝에 캐나다가 장애인에게는 천국 같은 곳이라기에 캐나다 이민을 추진했다. 그러니 장애인인 김○을 케어한 나머지 가족들만 이민을 허용한다는 캐나다 대사관의 통보를 받았다. 그래서 개인적으로 수년간 거주한 적이 있는 일본으로 방향을 틀었다.

일본은 장애인에 대한 입국 제한 등의 차별이 없다. 가족 모두가 이주를 끝내고 집 근처 시청에 주민등록을 하기 위해 방문을 했다. 휠체어에 탄 아들을 본 공무원이 말했다.

"아이에게 어떤 장애가 있나요?"

"근육병입니다."

"그러시면 병원에 가서 진단서를 떼어 오세요. 장애인 등록을 하면 여러 가지 혜택을 받으실 수 있어요. 그리고 아이에게 전동휠체어가 필요해 보이네요. 장애인 등록을 하면 전동휠체어가 두 대 지급됩니다. 한 대는 집에서, 한 대는 학교 안에서 사용하면 됩니다."

당시 전동휠체어 한 대 가격이 1000만 원 가까이하던 시절이라 외국인에게 이렇게까지 혜택을 주는 것에 무척 놀랐다.

얼마 후 1급 장애인 판정을 받고 시청에 들려 전동휠체어를 수령했다. 마침 타고 다니던 휠체어는 일본에 이주하기 직전에 구입했던 고급휠체어였기에 아까워서 시청의 담당자에게 아이가 타던 거의 새 휠체어인데 어려운 사람에게 기부하고 싶다고 이야기하자 우리는 모든 장애인에게 새 휠체어를 지급하기 때문에 필요 없다고 했다.

그날 이후 장남은 오늘날까지 매달 75만 원 정도의 장애인 특별수당을 받고 있고, 치료비, 입원비 등 의료비 전액을 국가와 지방정부에서 지원받고 있다. 물론 의료장비 등도 전액 무료로 제공받고 있다. 또한 고등학교 졸업 후 전문대에서 컴퓨터 관련 공부를 하여 장애인을 고용하는 회사에 취업하였다. 꾸준히 재택근무를 하다가, 작년부터는 병세가 악화되어 하루 4시간밖에 일할 수 없지만 충실하게 일상을 보내고 있다.

가족 중 장애인이 있으면 모두가 고생이라고 하지만 일본은 그렇지도 않은 것 같다. 하루에 세 번 간병인이나 간호사, 의사가 집으로 와서 목욕서비스를 해주고 진료를 봐준다.

아들이 사립 중고등학교와 전문대를 다니기 위해 1시간 이상 전철을 세 번이나 갈아타야 했는데, 비가 오나 눈이 오나 각 전철역 역무원들은 휠체어를 탄 아들이 보이면 싫은 내색 전혀 없이 분주히 움직였다. 두 명이 휠체어를 밀어 전철에 태워주고 하차역에 무선으로 연락해주어 하차 후에도 바로 역무원이 기다리고 있다가 대응해 주었다.

부모로서 너무 미안하고 고마웠다. 가끔 아들과 함께 전철을 타면 나도 돕겠다고 했을 때 역무원이 이것은 자신들 일이라며 나를 떠밀던 기억이 지금도 생생하다. 당연히 받을 수 있는 장애인 케어서비스에 대한 인식이 부족했구나라는 생각이 들었다.

일본에는 장애인에 대한 편견이 없기 때문에 눈치를 보며 살 이유가 없다. 얼마 선에는 선신 불구인 두 사람이 국회의원에 당선되어 당당히 국회에 출석하고 있다. 그래서 국회는 대규모 수리를 했고, 그 의원들의 의사표현을 도와줄 사람이 있어야 하기에 국회 출입 내규까지 바꾸었다.

한국도 장애인이 살아가는데 있어서 불편함을 느끼지 않고, 집에 돌보아야 하는 환자가 있다고 해서 가족이 사회생활을 하는데 지장받는 일이 없도록 사회복지제도가 더욱 개선되고 발전되길 바란다.

사례 2

오키나와시에서 전자정부 컨설팅을 할 때의 이야기다. 앞서 이야기한 것처럼 일본은 모든 장애인에게 필요한 지원들을 정부에서 무상으로 지원한다. 지금은 한국도 장애인들을 위한 지원이 많은 것으로 알고 있는데, 2000년 초만 해도 휠체어는 직접 구입해야 했다.

일본에서는 장애아인 경우 성장에 맞추어 2~3년에 한 번씩 휠체어를 교체해준다. 매년 전국적으로 새 것에 가까운 휠체어가 폐기 처분되고 있다는 사실을 알게 되었고, 이 휠체어를 한국에 형편이 어려운 장애아동들에게 전달할 수 있다면 얼마나 좋을까라는 생각이 들었다.

그러던 어느 날 오키나와시 공무원에게 조심스럽게 내 뜻을 전했더니 기쁜 마음으로 응해주었고, 복지용품 수리센터에서도 오래되었지만 사용하지 않은 타이어 수십 개를 선뜻 내주었다. 동료들은 휴일에 출근해서 휠체어를 함께 깨끗이 씻고 수리하여 새것처럼 만들어 주었다.

이제 한국으로 보내는 일만 남아서 오키나와에 취항 중인 아시아나 항공에 연락하여 내 뜻을 전하고 운송비용을 물었다. 담당자는 검토 후 다시 연락하겠다고 전화를 끊은 지 얼마 되지 않아 다시 연락이 왔다.

아시아나 항공도 이번 일에 함께 참여하고 싶으니 오키나와 시청에서 오키나와 나하공항까지의 육로운송비용과 한국까지의 항공수송비용 그리고 한국의 기증기관까지 일체의 운송비용을 부담하겠다고 했다. 거기다가 필요하면 기증기관까지 찾아주겠다고 제안을 해왔다.

참으로 기쁘고 고마운 제안이었다. 그렇게 일본의 중고 휠체어는 한국으로 보내졌고 복지시설에 기증되었다. 그날 이후 필자가 컨설팅하는 지방자치단체마다 동일한 제안을 했는데 모두 흔쾌히 응해주었고, 일본에 전국적인 네트워크를 가지고 있는 아시아나 항공에서 지속적으로 도움을 주었다. 이 이야기가 신문에 보도되고 한국에서도 장애인에게 휠체어 무상 지급이 시작되어 반갑게도 그 후 내 역할은 없어졌다.

우리는 흔히 '일본 사람들은~' 또는 '한국 사람들은~'이라는 표현을 쓰면서 특정한 십난을 싸잡아 이야기한다. 그래서 무지물 식간에 일본인을 향해 '일본놈', '쪽발이'라는 말을 뱉어 낸다. 그렇게 부르고 싶어지는 일본인이 있는 것이 사실이지만, 우리처럼 정이 많고 선량한 사람들도 많다.

07

아베노믹스의 공과

　일본 국내에서의 아베노믹스에 대한 평가는 친정부 경제학자와 반정부 경제학자의 견해가 극명하게 나뉜다. 국민들 사이에서는 전반적으로 실패라는 의견이 지배적이다. 각각의 입장을 가진 경제평론가들은 나름대로의 지표를 가지고 설명하지만 지표라는 것이 자신의 주장에 유리한 지표만 가지고 하는 것이라 함정이 많다.

　아베노믹스가 성공했다고 하는 사람들은 다음 지표를 근거로 성공했다는 평가를 한다. 이것은 앞서 한국 내에서 일본의 경제 상황을 무조건 긍정적으로 평가한 기준과 크게 다르지 않다.

1. 도요타 등 일부 글로벌기업의 손익계산서, 재무제표, 결산표 등 전반적인 상황이 좋아졌다.

2. 아베노믹스를 시작한 후 주가가 10,000선에서 20,000선을 넘어 거의 2.5배 이상 올랐다.

3. 고용상황을 알 수 있는 유효구인배율 수치가 완전고용에 가깝다.

하지만 일반 국민이나 중소기업 경영자에게 아베노믹스의 혜택을 느끼는가라고 물어보면 부유층이나 대기업 직원 등 극히 일부를 제외하고는 대부분 전혀 느끼지 못한다고 대답한다. 이유가 무엇일까? 다음은 성공의 증거로 제시된 내용들에 대한 검증이다.

1. 도요타 등 일부 글로벌기업의 손익계산서, 재무제표, 결산표 등 전반적인 상황이 좋아졌다.

결산내용 등이 좋아진 기업들은 수출을 중심으로 하는 대기업이고, 오히려 중소기업들은 경영이 악화되었다. 많은 중소기업들은 수입자재를 이용해서 국내시장에 판매하는데 생산원가가 올랐기 때문이다.

반대로 결산내용이 좋아진 대기업들을 보면 매출이 많이 늘지 않았지만 이익이 늘어난 케이스가 있다. 제품을 수출하고 받는 대금이 달러 기준이기 때문에 이를 엔화로 환전하면 당연히 순이익이 급증하게 된다. 외국으로부터 받는 로열티 등의 기술 수지도 엔화로 환전하면 많이 늘어난다. 이른바 엔화 약세로 인한 착시 현상이다. 엔화 약세여도 수출이 늘지 않은 이유는 대기업의 경우 해외공장에서 생산해 해외로 수출하는 케이스가 많아 큰 영향을 주지 않기 때문이다. 이처럼 엔화 약세는 일본 기업에 있어서 수출경쟁력 향상보다는 환차익에 기여하는 구조로 볼 수 있다.

2. 아베노믹스를 시작한 후 주가가 10,000선에서 20,000선을 넘어 거의 2.5배 이상 올랐다.

기업의 실제 가치가 올라간 것이 아니라, 장부상으로만 실적이 좋아진 경우다. 또한 주가가 기대만큼은 오르지 않자 아베 정권은 국민연금의 주식투자비율을 기존의 2배 이상으로 끌어올려 주가를 받치고 있는데, 이에 외국 투자자들이 지속적으로 치고 빠지면서 주식시장에서 수익을 올리고 있는 것이다. 그로 인해 일본의 국민연금 2015년 주식운용 손실이 5.3조 엔에 달한다는 발표가 나왔다.

3. 고용 상황을 알 수 있는 유효구인배율 수치가 완전고용에 가깝다.

경기가 좋아져서 고용률이 올라갔다는 설이 사실이기는 하지만, 여기에 여러 가지 함정이 있다. 먼저 일자리의 질이 현저히

띤이껴 이크비이드니 비겁규지시 맗아지기도 했고, 일자리에 비
해 일할 사람 자체가 줄어든 것에 따른 결과다. 즉 인구 감소로
인해 취업 가능 연령의 인구 수요가 적어져 고용률이 올라간 것
이다.

필자는 아베노믹스를 실패했다고 보지만, 아베 정권과 일본
경제계에서는 '실패했다'고 하지 않고, '아직 성공했다고 표현하
기는 이르다'고 이야기한다. 그야말로 말장난을 좋아하는 일본식
표현이다. 이것은 앞으로도 지금 같은 경제정책 기조를 지속하기
원한다는 메시지로 해석된다.

08

일본의
SI사업
현주소

　회사를 운영하면서 일본 고객에게 솔루션 판매 비즈니스를 추진하는 과정에서 SI(system integration, 기업이 필요로 하는 정보시스템에 관한 기획에서부터 개발과 구축, 나아가서는 운영까지의 모든 서비스를 제공하는 일) 작업을 수행해야 하는 기회가 많았다. 한국 기업이 일본과 한국의 SI사업의 추진 과정과 관행을 모르고 낭패를 보는 경우가 많아, 일본에서 공무원 신분으로 13년간 발주업무를 담당했던 경험을 나누고자 한다.

　먼저 일본의 SI사업은 한국보다 단가가 높아서 사업을 하기 좋다거나, 한국 고객과 달리 추가 업무에 대해 추가비용을 지불한다는 말이 떠돌지만 반드시 그렇지만은 않다. 한국과 마찬가지로 고내게 프로세스에 따라 신뢰이 달라진다.

　일본에서 추가로 비용을 받기 위해서는 그 작업이 계약 외 작업이라고 주장할 수 있는 근거를 철저하게 만들어 놓아야 한다. 또 비용을 주지 않으면 다음 작업을 수행하지 않겠다는 것을 확실히 해두는 것이 필요한데, 일본 진출을 시작하는 입장에서 말처럼 확고하게 밀고 나가기는 쉽지 않다.

　2017년 9월, 〈닛케이〉 신문에 일본판 행정정보공동이용 시스템개발 프로젝트에서 추가 사양이 속출해 서비스도 1년 연기되고 개발비용도 350억 원이 추가되었지만 그렇다고 이게 끝이 아니라는 내용의 기사가 보도되었다.

　일본은 여러 시스템을 통합하는데 각 부분의 시스템 담당 업체들에게 독자적으로 개발을 시킨다. 그러면 시스템 연계와 비용에서 모두 문제가 생긴다. 일본 시스템이 한국 시스템과 다른 점을 알아보자.

1. 프로젝트를 진행할 때 워터폴 방식을 이용한다.

　'워터폴 방식'은 우리가 20여 년 전에 사용하던 코볼 당시에 사용한 개발방법론이다. 이 방식은 프로젝트를 시작하면 기본설계서, 상세설계서, 프로그램 설계서 등을 순차적으로 작성하고 이를 프로그램으로 옮기는 것이다.

　건축에 비유하면 아파트를 살 때 단순히 도면만 가지고 선택하는 것이다. 당연히 설계도만 보아서는 어떠한 집이 완성될지 상상이 쉽지 않아서 막상 입주한 뒤에 본인이 도면상으로 상상한 집과는 다른 집이 되어버릴 가능성이 있다.

새롭게 나온 개발방법론은 '스파이럴 방식'이다. 고객과 인터뷰를 통해 시스템을 개발하면서 리뷰하고 또다시 고객의 니즈를 반영하면서 만들어 나가는 것이다. 건축에 비유하면 모델하우스를 보고 집을 고르고 각종 옵션을 선택해 최종적인 집의 형태를 결정해 나가는 방식이다.

예전에는 컴퓨터 하드웨어 자체가 가진 한계 때문에 시스템 개발이 완료될 때까지는 어떠한 형태의 시스템이 만들어지는지 사용자가 알 수 없어서 고객이 원하는 시스템을 만들기가 어려웠지만, 최근에는 정보기술의 발달로 가상현실처럼 고객이 시스템을 직접 구동해 볼 수 있어 고객이 필요로 하는 시스템에 접근하기가 용이한 방식이다.

이러한 기술의 변화에도 불구하고 일본은 아직도 워터폴 방식을 채용하고 있어 고비용에 업무 생산성도 낮고 정보기술의 활용도가 많이 떨어진다.

2. 개발비 산정을 할 때 한국이 채용하는 기능점수식이 아닌 맨먼스 방식을 채용한다.

일본에는 한국처럼 기술자 등급도 없고, 정부가 제시하는 가

어드러인 답기도 없다

한국에서는 이런 것들이 있어서 문제라 하지만, 일본에서는 그나마 그것도 없어서 엿장수 마음에 따르고 있어 개발비가 들쭉날쭉하다.

실제로 도쿄도청의 시스템 감사를 수주해서 일을 해본 적이 있는데, 기본적으로 공무원들이 이 부분에 대한 정보가 없고 예산은 업자가 주는 견적서를 대충 활용해서 잡기 때문에 싼지 비싼지도 모른다.

그러기에 정당한 가격이라는 합리화와 공정한 업체 선정이라는 알리바이를 만들기 위해서 무조건 최저가 입찰을 하는 경우가 많다. 물론 일본은 업체끼리 내 구역을 것을 만들어서 신사협정을 맺고 담합을 잘하기 때문에 거의 입찰가격은 최고가에 가깝다. 그렇게 비싼 돈을 지불하고도 워터폴 방식을 사용하니 SI를 제공받는 곳의 채산은 늘 적자일 수밖에 없다.

"

일본의 시스템 개발 능력은 우리와는 비교가 안 되게 뒤처져 있고, 생산성도 무척 낮다. 따라서 이들과 비즈니스를 할 때는 주의해서 견적을 넣어야 한다. 반드시 개발범위에 대한 인

식과 작업환경 등 한국과 너무나도 다르다는
사실을 확실하게 인식하고 있어야 한다.

09

공공
외교

2019년 7월 9일 저녁, 일본의 민영방송 TBS의 간판 프로그램 〈뉴스23〉에서 이번 일본 정부의 한국에 대한 수출 규제에 대한 여론조사 결과를 다루었다. 규제가 타당하다는 58%, 타당하지 않다는 28%로 나타났다. 당시 일본 여론은 전체적으로 이번 한국에 대한 수출 규제를 대체적으로 찬성하고, 지금까지의 한국 정부의 위안부 합의 파기와 징용공 문제 제기 그리고 북한에 대한 우호적인 자세를 반기지 않는 분위기였다.

이렇게 일방적인 여론이 형성되었던 이유를 들여다볼 필요가 있다.

1. 집권 세력에게 무한 신뢰를 보내는 보수적 기질이 있다.
2. 전반적으로 언론에 대한 정보 의존도가 높다.

이 2가지가 문제의 핵심이다. 미군정으로부터 독립 후 오늘에 이르기까지 숱한 우여곡절이 있었지만, 그럼에도 불구하고 불과 수년만 정권을 야당에 내어주고 약 70년간 자민당이 집권을 지속하고 있는 것을 보아도 변화를 싫어하는 일본인들의 습성을 알 수 있다.

태평양전쟁이 중반전으로 접어들 무렵 진주만 기습공격과 초반전의 전투에서 연승을 거두던 일본군은 미드웨이 전투를 시작으로 연패를 당하기 시작한다. 하지만 회복 불가능에 가까운 막대한 피해를 입은 상황에서도 일본군의 지휘부인 대본영은 전투에서의 패배를 인정하지 않고 국민들에게 '일본 육군은 장렬히 싸웠고 미군에 대규모 타격을 가했으며 이에 일본 육군은 변진變進을 시작했다'라고 발표한다.

변진이란, 앞으로 나아가는 전진이 아니라 방향을 바꾸어서 나아가는 것을 말하는데 소위 패전해서 후퇴한다는 말을 이렇게 표현한 것이다. 일본의 언론들은 실질적 패배 사실을 알면서도 대본영의 말을 받아 적어 '변진'이라는 말을 퍼뜨려 일본 국민은 전세가 불리해지는 사실을 전혀 알 수 없었다고 한다. 그 사건을 계기로 일본에서는 '대본영 발표'라는 고유명사가 생겼는데 이는

'히통 혹은 개깃빌'이다는 뜻으로 사용된다. 노무현 대통령과 검사들의 대화 이후 한국에서 '검사스럽다'라는 말이 생겨났듯이 말이다.

이렇듯 일본의 언론은 결코 권력에 대항하지 않고 영합하며, 일본 국민 또한 정부와 언론을 절대 신뢰한다. 이유를 설명하기는 어렵지만 아마도 우리나라처럼 악랄한 군사 독재를 경험하지 못해서 일지도 모르겠다는 생각을 해본다.

한일 관계가 최악으로 치닫고 있는 상황에 일본의 뉴스 혹은 교양프로그램에서는 일본 정부의 입장을 옹호하는 방송 일색이다. 방송에 등장하는 소위 코멘테이터라는 사람 중에 객관적인 입장을 가지고 이야기하는 사람은 정말이지 눈을 씻고 찾아 보아도 없다.

아마도 이런 방송을 보고 있는 일본 국민은 '일본 정부가 선이고 한국 정부는 악'이라는 인식이 굳어질 만하다. 앞에서 말했듯 일본에서 방송국 프로그램에 출연하는 대부분의 사람들은(정치인을 포함) 이러한 예능 프로덕션에 소속되어 있다. 방송까지 제작하는 프로덕션은 방송국으로부터 시청률로 평가를 받기 때문에 비싼 출연료를 요구하는 전문가보다는 명문대 졸업자 혹은 얼굴이 조금 알려진 똑똑한 연예인을 코멘테이터로 기용하는 경우가 많다.

아이러니하지만 심각한 혐한 분위기에서도 각 방송국들은 한류드라마를 무척이나 많이 방영한다. 수익구조로 인한 어쩔 수 없는 선택이지만, 한류드라마에 일을 빼앗기는 그들의 입장에서 보면 한류가 그리 달갑지는 않은 것이다. 그러다 보니 아울러 한국에 대한 경쟁의식 등으로 인해 한국에 대한 비호감이 늘어나는 것 아닐까 생각해 본다. 일본은 어느 분야나 이러한 업계의 보이지 않는 담합으로 인해 사회적인 문제를 야기하고 있는 것이 사실이라 연예계도 별다르지 않은 것이다.

일본 정부의 수출 규제를 포함 한일 간에 존재하는 많은 문제들을 해결할 수 있는 것은 '공공외교'이다. 공공외교란, 외국 국민들과의 직접적인 소통을 통해 자국의 역사, 전통, 문화, 예술, 가치, 정책, 비전 등에 대해 공감대를 확산하고 신뢰를 확보함으로써 외교관계를 증진시키고, 자국의 국가 이미지와 브랜드를 높여 국제 사회에서 영향력을 높이는 외교활동을 말하는데 그런 측면에서 일본 국민들과의 소통방법을 구체적으로 마련해야 할 것이다.

일본을 방문했던 노무현 대통령은 TBS에 출연하여 한국에서도 유명한 일본 아이돌그룹 출신 초난강의 사회로 〈일본, 국민들과의 대화〉라는 프로그램에 출연하여 일본 국민들을 대상으로 한국 정부의 생각 등을 직접 피력하여 큰 반향을 일으킨 적이 있다. 이러한 것도 하나의 소통방법으로 좋은 사례이며 이외에도 많은 민간 분야의 노력이 필요할 것이다.

언제까지나 과거에 얽매여 미래를 희생시킬 수 없는 것 아닌

시. 오늘을 사는 우리가 않으고 데이남 후손들이 부위들이 태어
나기도 전에 벌어진 일들로 인해 이웃나라와 대립과 반목을 거듭
하는 일은 이제 없어야 할 것이다.

10

물려줄
역사에 대해
생각하다

일본에 사상 초유의 대폭우가 내린 적이 있었다. 특히 중부지방인 히로시마현과 오카야마현에서 하천제방이 무너지거나 산사태가 나서 사망자와 행불자가 100명을 넘어섰다.

저녁에 인터넷으로 보니 한국에도 일본의 홍수뉴스가 보도되고 있었다. 기사 아래에 많은 댓글이 달렸는데, 안타까움을 넘어 참담한 기분이 들었다. 대부분의 댓글이 일본이 천벌을 받는 거라며 조롱하는 내용이었다.

아마도 한국에서 비슷한 일이 벌어지면 일본인들도 이런 댓글을 많이 달 거라는 생각이 든다. 왜 이런 댓글을 다는 것일까? 이 댓글을 다는 사람들의 대부분이 일제강점기를 겪어온 사람들이

...빌 꺼타 생기해기 디우 신기하게 느껴졌다.

지금은 서른 살이 된 아들이 초등학교 3학년 때, 일제강점기에 일본인이 우리에게 어떤 만행을 저질렀는지 알려주기 위해 독립기념관에 데려간 적이 있다. 밀랍으로 만들어진 인형들이 전시되어 있었는데, 주로 일본 경찰이 독립운동가들을 잡아다가 고문하는 상황을 재현한 것들이 있었다. 피범벅이 된 밀랍인형들과 그들을 고문하는 일본 형사들, 들려오는 비명소리 등은 초등학생에게는 트라우마를 일으킬 정도로 참혹한 것이었다. 아이는 눈물을 흘리며 내게 따지듯 물었다.

"아빠는 이런 걸 왜 제게 보여주세요?"

"역사를 알아야 하니까."

앞서 태평양전쟁의 사례를 보아도 일본 정부의 무능함 때문에 많은 자국민이 희생했음에도 불구하고 책임을 추궁하지 않았고, 지도부 역시 스스로 책임을 지지 않았다. 일본은 그러한 전범 정치가 기시 노부스케의 후손인 아베 총리와 그 일파들이 전후 70년간 오늘도 정권을 잡고 이끌고 있는 불행한 나라다. 일본 정부가 자국 아이들에게 과거의 역사를 제대로 가르치기는 만무할 것 같고, 이런 상황에서 한국은 아이들에게 이러한 일본을 어떻게 가르쳐야 할까?

얼마 전 카나자와 세이류 여자단기대학에 '4차 산업혁명'이라는 주제로 특강을 하기 위해 다녀왔다. '한국의 정보화와 선진문화 그리고 한국인'에 대한 내용이었는데, 여자 대학이라 그런지 한국가수를 좋아하는 팬들이 많았다. 강의가 끝나고 질의응답 시간이 되자 학생들의 질문이 이어졌다.

이들은 학교에서 근대사를 제대로 배우지 않았기 때문에 한국과의 갈등에 대해 의문을 품고 있지만 언론을 보고 역사를 추론할 뿐이다.

"우리는 한국을 좋아해요. 한국에는 일본인을 싫어하는 사람들이 많다고 들었는데 왜 그런 건가요?"

이들이 이해할 수 있도록 한참 대답을 해주었다. 결국 과거 일본이 저지른 잘못 때문이라는 게 주된 이야기였다. 그들은 "우리나라 어른들이 잘못한 것을 왜 우리에게 책임지는 거죠?"라고 물었다. 그 말도 틀린 말은 아니기에 할 말을 잃었다.

'내일 지구의 종말이 오더라도 나는 한 그루의 나무를 심겠다'는 말을 떠올리며, 갈 길이 멀지만 민간의 교류가 늘어나고 시간이 지나다 보면 언젠가 이러한 문제가 해결될 거라 스스로를 위안했다.

11

세계 시장을 제패하는 유일한 방법

명절에 가족들이 모이면 안부를 나누면서 술 한잔 마시다가 옹기종기 모여 앉아 화투를 치면서 시간을 보낸다. 화투의 기원에 대해서는 다양한 설이 있으나, 오늘날 화투 디자인을 만든 것이 일본 회사인 닌텐도라는 사실을 아는 사람은 많지 않다.

화투를 만들던 회사 닌텐도는 시대의 변화에 따라 패미콤이라는 보드게임을 만들었고 IoT 붐에 발맞추어 각종 센서를 사용해 스포츠를 즐길 수 있는 게임을 개발하면서 세계적으로 성공하였다. 최근에는 커넥터라는 게임기로 일취월장하고 있다. 놀이라는 테마로 시대의 흐름에 따라 변해간 기업의 성공사례로 이런 게 바로 '일본식 이노베이션'이다.

원조국인 일본에서 오늘날의 화투 신세는 처량하다. 요즘 화투를 하는 일본인은 거의 찾아보기 어렵다. 일본 화투와 한국 화투는 많이 다르다. 한국에서는 패를 두툼한 담요 위에 던져 화투장과 화투장이 부딪히는 소리를 들으면서 하기 때문에 플라스틱으로 만든다. 일본에서는 포커처럼 조용히 땅에 내려놓고 뒤집어가면서 하기 때문에 화투장을 종이로 만든다.

일본에서는 민화투처럼 자극적이지 않고 밋밋한 방식으로 진행되는데 비해, 한국에서는 모험을 즐기는 국민성 탓인지 피박, 광박, 독박, 싸기, 흔들기는 물론 맘대로 남의 패를 집어가는 전두환고도리부터 노태우고도리, 김영삼고도리에 이르기까지 재미를 극대화시키는 게임룰이 많이 만들어졌다.

화투를 보며 느끼는 것이 있다. 화투의 시작은 일본이지만, 그것을 가져다 생명을 불어놓고 IT기술을 이용해 인터넷으로 고도리게임까지 만드는 능력은 우리에게 있다.

우리 민족은 늘 새로운 것을 추구하는 도전하는 얼리 어답터이다. 마이크로소프트가 만든 윈도우에서 사용하는 수많은 해외 수출용 어플리케이션을 만든 것도, 오라클 데이터베이스를 미국인들보다 더 잘 쓰는 것도 한국인이다. 반도체를 만들어서 잠시 세계를 풍미했던 일본 반도체산업을 어깨너머로 배워 오늘날의 세계 반도체시장을 지배하는 한국 기업들이 탄생하게 된 것도 우연은 아니다.

스마트폰 역시 우리가 원조는 아니다. 처음 일본 기업 소니에서 만들고 그것을 애플이 아이폰으로 만들어갈 때 한국에서 삼성과 엘지가 안드로이드 휴대폰을 만들어 세계적인 스마트폰 강자로 발돋움한 것도 마찬가지 맥락일 것이다.

한국이 반도체 산업, 디스플레이 사업, 배터리 사업 그리고 스마트폰 산업으로 세계 시장을 지배하고 있는 것에 대해 일본은 무척이나 배 아파한다. 일본은 우리가 카피캣처럼 보일 것이다. 원천기술도 없이 자기들이 만든 제품을 흉내내더니 어느덧 앞질러가서 위협한다고 생각하는 것이다.

그러나 한국과 일본은 어느 한쪽이 죽어야 사는 관계가 아니다. 한국의 반도체를 만들기 위해 필요한 각종 최첨단 장비는 아직도 일제가 대부분이며, 스마트폰의 핵심부품들 중에 고가의 부품들은 여전히 일제의 시장점유율이 높다.

한때 삼성 갤럭시 노트7의 배터리가 세계적으로 문제가 되면서 위기에 빠진 적이 있었다. 결국 갤럭시 노트7은 제대로 출시도 못 해보고 접어야 했다. 이때 사촌이 땅을 사면 배가 아픈 것처럼 일본의 언론들은 무척이나 반가워하는 눈치였다.

그러나 정작 갤럭시 노트7의 생산이 중지되자 갤럭시 노트7의 부품을 제조하던 수많은 일본 기업들은 수주 취소로 막대한 타격을 입게 되었다. 안타까운 것은 이러한 사실을 일본인들이 잘 모른다는 점이다.

화투의 사례처럼, 일본의 제품개발 능력과 한국의 응용 능력이 하나가 되면 함께 세계 시장에서 성공할 수 있는 제품이 만들어질 수 있다.

삼성과 엘지 없이 일본의 스마트폰 부품업체가 살아남을 수 있을까? 애플의 라이벌이라고 불릴 만한 제품을 개발한 일본의 스마트폰 개발 기업이 한 곳도 없다는 사실이 이를 반증한다.

"

한국과 일본의 화투를 바라보며 한일 간 협력의 필요성과 한국인과 일본인 각각의 특성을 다시금 깨닫는다. 앞으로 양국이 각자의 장점을 살리고 상대방의 단점을 보완해준다면 반드시 세계 시장을 제패할 날이 머지 않아 올 것이다.

최상의 전략은 공존을 모색하는 것

도 아니면 모

죽기 아니면 살기

우익 아니면 좌익

내 편이 아니면 네 편

이런 이분법 사고가 뿌리 깊게 박혀 있는 한국 사회. 오늘도 광화문에서는 현 정부를 비판하는 이들과 지지하는 이들의 집회와 시위가 벌어지고 있지 않은가. 정치권을 들여다보면 나라꼴을 이 지경으로 만든 자유한국당이 바른미래당과 자유한국당으로 나뉘었지만 바른미래당과 자유한국당 안에서 다시 두 세력으로 나뉘어 삿대질하며 추잡한 싸움을 벌인다.

화합하지 못하고, 잘된 것은 내 탓 잘못된 것은 네 탓이라며 죽기 살기로 물고 뜯고 싸운다. 하지만 절체절명의 시기나 위기가 찾아오면 언제 그랬냐는 듯이 모든 것을 다 내던지고 하나로 뭉쳐 앞길을 헤쳐나가는 한국인의 기질은 참으로 높이 평가할 만하다.

일부는 이것을 '감정적' 또는 '다혈질'이라고 표현하며, 한국인 스스로 '냄비근성'이라며 자학하기도 하지만, 나는 내가 한국인인 것이 자랑스럽다. 이렇듯 다이내믹하고 열정적이며 화끈한 국민성을 가진 국민이 세계 어디에 있는가.

'아날로그 라디오'를 사용할 때 주파수가 명확하지 않아도 잡음은 섞이지만 소리를 들을 수는 있었다. 하지만 '디지털 라디오'는 튜너를 정확히 주파수에 맞추지 않으면 아무런 소리도 나지 않는다. 난 이런 기질을 디지털 국민성이라 비유한다. 디지털은 1 또는 0으로 세상을 표현하는 방식이니 말이다. 디지털은 그야말로 도 아니면 모인 것이다. 게도 없고 걸도 윷도 없다.

이런 특성이 오늘날 한국의 디지털 산업을 세계 수준으로 끌어올린 게 아닌가 싶다. 혁신 즉, 이노베이션이라는 것은 지금까지의 결과를 혹은 과정을 바탕으로 개선이나 진화하는 것이 아닌 과거를 부정해야만 이룰 수 있는 것이다. 전문가들은 이를 패러다임 시프트Paradigm Shift라고 표현한다.

한편 일본은 어떠한가. 승자와 패자가 없이 서로 사정을 조금씩 받아들여 타협점을 찾는다. 일본인은 흑백을 정확히 구분하는 것을 무척 싫어한다. 검은색부터 흰색에 이르기까지 그 과정에서 표현되는 다양한 색상이 존재하고 또 그러한 다양성을 부정하지 않는다.

그래서 그런지 일본인은 늘 의견을 명확하게 하지 않는다. 붉은색을 붉은색이라고 하지 않고 붉은 것 같다고 하고, 파란색도 파랗다고 하지 않고 파란 것 같다고 이야기한다. 어디까지나 붉고 푸른 것은 내 판단이 아니고 상대의 판단이라는 의미이다.

그래서인지 자동사보다는 타동사를, 능동태보다는 수동태 묘사를 많이 하고, 언제나 명확하게 자기의 주장을 하기보다는 제3자의 입장에 있는 것처럼 이야기를 한다. 우리 입장에서 보면 정말 답답한 민족성이다.

2000년까지 세계 경제는 미국과 유럽이 주도했지만, 기술로는 압도적으로 일본이 우위를 지켜왔다. 그래서 한국은 일본기술을 벤치마킹하고 발전시켜 성장해왔다. 물론 일본기술도 미국기술 등을 카피해서 시작했지만 말이다.

디지털혁명이 본격적으로 진행되는 2000년 이후부터는 기술대국 일본이 힘을 잃고 비틀거린다. 20년간 경기는 하향곡선을 그리고 세계 경제대국의 자리도 중국에 내어준 채 매년 막대한 재정 적자를 기록하며 급기야는 국채발행 잔액이 GNP(국민총생산)의 250%를 육박하고 있다. 참고로 우리나라는 국채발행 잔액이 GNP의 40% 수준이다.

일본이 왜 이렇게 되었을까? 나는 한마디로 일본인들은 아날로그적 민족성을 가지고 있기 때문이라고 감히 단언한다. 아날로그에서 디지털로 세상이 바뀌었지만 일본인들은 아직도 아날로그의 연장선상에서 모든 것을 생각한다.

《클라우스 슈밥의 제4차 산업혁명》에는 디지털혁명이 세계를 휩쓸고 있는 지금, 세계에서 가장 큰 택시회사인 우버는 자기 차를 한 대도 보유하고 있지 않고, 세계에서 가장 큰 숙박업체인 에어앤비는 자체 부동산이 하나도 없다는 내용이 나온다. 이렇듯 앞으로의 세상은 정말 파격적인 발상의 전환이 필요한 시점에 왔지만, 일본은 아직도 과거의 사고에서 벗어나지 못하고 있다.

일본 국민의 스마트폰 보급률은 40%를 조금 넘는 정도이고, 인터넷뱅킹 이용률은 30%대를 넘지 못하고 있으며, 신문사 매출의 70%가 종이신문에서 나온다. 일본인은 그야말로 아날로그 사회에서 살아가고 있다.

아날로그의 상징이었던 자동차의 모든 설비가 디지털로 변해가고 있다. 엔진에서부터 각종 전장품에 이르기까지 최근 들어서는 전기자동차에 무인자동차까지 참으로 디지털의 진화는 엄청나다.

스포츠용품 전문업체인 나이키를 게임기를 만드는 닌텐도가 위협하고 있고, 자동차보험 업계를 자동운전을 실행 중인 구글이 추격해오고 있다. 책을 팔던 아마존이 클라우드 서비스를 제공하는 회사로 변하고 있듯이 세상은 일정한 패턴이나 과정 없이 종횡무진 변해가고 있다. 그래서 미래의 일본과 한국의 경쟁이 점점 더 기대가 된다.

그렇다면 아날로그와 디지털이 공존할 수 없을까? 나는 공존할 수 있다고 믿지만 많은 이들은 불가능하다고 믿는 듯하다. 일본인들이 세계 시장에서 한국에게 밀리자 자신들의 혁신정신이 부족한 것을 탓하는 것이 아니라, 한국에게 시장과 기술을 빼앗겼다고 생각하는 것처럼 말이다.

반도체를 이용해 만든 앰프와 진공관을 이용해서 앰프의 소리의 깊이는 다르다. 아무리 디지털 기술이 발달해도 LP판과 CD 소리의 깊이가 다르듯이 말이다.

세상은 아날로그의 따스함과 디지털의 치밀함으로 혁신을 거듭해 나가고 있다. 서로의 장점을 살려 공존하면서 부가가치를 최대화해야 한다. 아날로그의 나라와 디지털의 나라가 요란하게 부딪히면서 파열음이 낼 것이 아니라, 하루 속히 디지털과 아날로그가 서로를 품어 따스하고 스마트한 세상을 만들어가야 할 것이다.

일본 관찰 30년

1판 1쇄 발행 2020년 2월 28일
1판 4쇄 발행 2023년 7월 10일

지은이 염종순
발행인 오영진 김진갑
발행처 토네이도

책임편집 박수진
기획편집 박민희 유인경 박은화
디자인팀 안윤민 김현주 강재준
마케팅 박시현 박준서 조성은 김수연
경영지원 이혜선

출판등록 2006년 1월 11일 제313-2006-15호
주소 서울시 마포구 월드컵북로5가길 12 서교빌딩 2층
원고투고 및 독자 문의 midnightbookstore@naver.com
전화 02-332-3310 **팩스** 02-332-7741
블로그 blog.naver.com/midnightbookstore
페이스북 www.facebook.com/tornadobook

ISBN 979-11-5851-163-0 03320

이 책은 저작권법에 따라 보호를 받는 저작물이므로 무단전재와 무단복제를 금하며,
이 책 내용의 전부 또는 일부를 사용하려면 반드시 저작권자와 토네이도의
서면 동의를 받아야 합니다.

잘못되거나 파손된 책은 구입하신 서점에서 교환해드립니다.
책값은 뒤표지에 있습니다.

이 도서의 국립중앙도서관 출판예정도서목록(CIP)은 서지정보유통지원시스템 홈페이지
(http://seoji.nl.go.kr)와 국가자료공동목록시스템(http://www.nl.go.kr/kolisnet)에서
이용하실 수 있습니다.(CIP제어번호: CIP2020000374)